mixité(s)

La nouvelle de Leïla Sebbar « Sous le viaduc » a été publiée
une première fois dans *L'habit vert* aux éditions Thierry Magnier en 2006.

13, quai de Conti – 75006 Paris
Tél. 01 44 83 80 00 – Fax 01 44 83 80 01
http ://www.editions-thierry-magnier.com

ISBN 978-2-84420-521-6

Loi n° 49-956 du 16 juillet 1949 sur les publications destinées à la jeunesse
Maquette : Bärbel Müllbacher

mixité(s)

Nouvelles

Préface de Fadéla Amara

présidente du mouvement Ni putes ni soumises

Nancy Huston

Baya Kasmi

Gaston Kelman

Véronique M. Le Normand

Marc Levy

Mathis

Gisèle Pineau

Marie-Sabine Roger

Leïla Sebbar

NI PUTES NI SOUMISES

EDITIONS THIERRY MAGNIER

Déjà paru aux éditions Thierry Magnier,
en partenariat avec le mouvement
Ni putes ni soumises :
Des filles et des garçons, 2003.

Préface

La France, « ma France à moi », celle où j'ai grandi, celle pour laquelle je me bats, est mixte. Une mixité de genre, une mixité sociale, une mixité ethnique.

Pour ma génération, la mixité est un fait historique. Nos écoles, contrairement à celles de nos parents, de vos grands-parents, étaient mixtes. On grandissait avec nos frères, nos copains, les garçons de la cité. Et, même si les filles n'avaient pas les mêmes droits qu'eux, nous étions élevés ensemble. On voyait bien que les entreprises, le gouvernement, les lieux de pouvoir en général, n'étaient pas très mixtes, que les hommes y avaient plus de place que les femmes. On voyait bien que nos mères s'occupaient surtout de la maison, de la cuisine, de l'éducation des enfants. Et moi, déjà, je voulais me battre pour changer cette organisation du monde, pour la rendre plus égalitaire.

Je me dis qu'aujourd'hui on a toujours besoin de ce mélange. La mixité de sexe, je l'ai connue. La mixité sociale et la mixité ethnique, un peu moins. Les quartiers populaires ressemblent de plus en plus au foyer dont parle Gaston Kelman qui porte le nom de son village au pays natal, ou encore à la cité dans laquelle grandit la petite Loubna de Baya Kasmi.

Cette mixité, nous en avons besoin dans le monde réel et pas seulement dans l'au-delà comme l'évoque joliment Marc Levy. Elle n'est pas pour moi, un idéal, mais la réalité dans laquelle je veux vivre. Hélas, je vois bien qu'elle est attaquée de toutes parts. J'entends, je vois ces élus qui cèdent aux obscurantistes, qui reviennent sur la mixité des espaces sociaux, et, par exemple, ouvrent les piscines à des horaires spécifiques pour les filles. Et pourquoi pas le retour à des écoles séparées ?

« Ni Dieu ni cul » écrit Nancy Huston. « Ni putes ni soumises » avons-nous crié en 2003 pour défendre la mixité et la laïcité qui, pour moi, vont de pair. Les filles et les garçons, les pauvres et les riches, les Noirs, les Blancs, les Arabes, les juifs, les musulmans, les catholiques, on doit tous vivre ensemble. C'est une banalité et, en même temps, ça devient un mot d'ordre, une revendication à porter, un idéal à défendre. Nous le faisons tous les jours dans notre mouvement. Merci de le faire à votre manière, avec vos mots, dans ce recueil de nouvelles.

Fadéla Amara
présidente du mouvement Ni putes ni soumises

Ni Dieu ni cul

Nancy Huston

Ce matin-là, un dimanche matin du mois de juillet elle était à la campagne plus ou moins en vacances il faisait beau elle s'était préparé un petit déjeuner avec café baguette croustillante et pot de beurre frais, elle a pris le numéro du nouveau magazine offert par le quotidien parisien de gauche qu'elle lit souvent malgré son agacement fréquent avec leur ton systématiquement persifleur et m'as-tu-vu et dans le vent, malgré leurs portraits de dernière page toujours hautains et sarcastiques, jamais dépourvus de petites piques méchantes aux individus qui ont accepté d'être longuement interviewés et photographiés par eux, bref elle feuillette ce nouveau magazine du week-end qui comporte, ce week-end-ci, un dossier sur la pornographie, sujet qui l'intéresse, et ce qu'elle voit, d'abord, c'est que les responsables de ce dossier ont décidé de reproduire un certain nombre de photographies trouvées sur des sites pornographiques d'Internet – rendues inoffensives, disent-ils, par un artiste qui les a floutées et du coup transformées en œuvres d'art, ils ont l'air de penser que par une sorte de transsubstantiation surnaturelle dès que les contours sont flous la femme n'est plus enchaînée elle n'est plus frappée elle n'est plus violée, d'ailleurs se dit la femme on devrait l'essayer avec les sites néonazis aussi, il suffit de flouter un swastika et ça devient une œuvre d'art, pour les nostalgiques de l'esclavage on peut prendre une photo d'un esclave noir en train de se faire lyncher et la flouter et ça devient une œuvre d'art et si on prend les mots À MORT LES JUIFS et on rend les contours très joliment flous ça devient une œuvre d'art et si on prend les mots TOUTES LES FEMMES SONT DES PUTES pareil et les mots LES NOIRS SONT DE GRANDS SINGES pareil, il suffit de flouter vous verrez l'effet artistique immédiat. La femme a maintenant les mains qui tremblent car, même s'il n'y a pas d'enfant dans sa maison en ce moment précis, elle ne peut s'empêcher de penser aux milliers de jeunes parents dans ce beau pays de la liberté qui ont acheté ce quotidien de gauche avec son intéressant supplément du week-end et l'ont laissé traîner sur la table de la cuisine pendant qu'ils faisaient le petit déjeuner, et aux milliers de petits garçons et de petites filles qui sont tombés sur la une de cet intéressant supplément et vu une femme nue écartelée et se sont demandé (pour la millionième fois dans leur courte vie) ce qu'elles ont les femmes à se mettre tout le temps à poil… S'ils ont continué de feuilleter un peu ou si leur maman ou leur papa avait feuilleté le journal avant de le poser, ils verront des choses plus perplexifiantes encore, de grandes et « artistiques » photos de femmes nues tenues comme ci ou maintenues comme ça, des femmes nues fouettantes ou fouettées, et cetera. Si ce sont des Noirs (ou des Arabes) qu'on fouette ainsi le journal pense que c'est mal mais si ce sont des femmes le journal pense que c'est la liberté, d'où son nom.

La femme qui lit est maintenant en colère contre le journal parce que quand elle l'a acheté elle ne savait pas qu'on allait lui infliger cette leçon de liberté ; elle décide d'ignorer les photos et de lire le texte, elle commence à lire le texte et le texte commence ainsi : « Celui qui, dès l'installation d'Internet sur son ordinateur, n'a pas tapé le mot sexe, on ne l'a pas encore rencontré. » Là elle se dit de se calmer très vite parce qu'elle sait bien que celui inclut celle, de même que les Droits de l'homme incluent les droits de la femme, elle s'efforce de relire la phrase en mettant celle à la place de celui et ça ne marche pas parce qu'elle-même est une celle, or elle a Internet depuis de longues années et elle n'a toujours pas tapé le mot sexe pour faire une recherche même si, sans le chercher, elle a reçu d'innombrables images de sexe ça fait partie de la merveilleuse liberté de ce pays et de cette partie du monde qui s'appelle fièrement l'Occident, il suffit de se balader dans la rue et on voit à quel point on est libre c'est extraordinaire on est libre de voir des seins nus et des fesses nues à tous les kiosques et sur toutes les affiches c'est un des critères de la liberté de presse dans le monde entier comme chacun sait et chacune aussi qu'elle le veuille ou non.

Malgré l'immensité sans bornes de sa liberté en tant que droit de l'homme qui lui revient de droit en tant que femme, la femme est tout de même en colère car elle estime que la pornographie est déjà très discutable comme activité du point de vue de ceux qui vendent l'objet de consommation, et souvent extrêmement pénible pour ceux qui louent leur corps et banalisent ainsi ses gestes les plus précieux les plus merveilleux les plus intimes, ceux qui touchent à la vie à la mort à l'amour au rapport à soi et aux autres dans ce qu'il a de plus secret et de plus fragile… et que consommer de la pornographie devrait à tout le moins être un choix et non une obligation, or on vient de l'obliger d'en consommer alors qu'elle n'avait rien demandé, elle avait juste voulu feuilleter son journal en jouissant du soleil estival et de la belle matinée de dimanche commençante. Si elle souhaite consommer des images et des idées sexistes ou antisémites ou esclavagistes, elle sait qu'elle est libre d'aller sur Internet, merci, mais en ce moment, là, à la campagne, en prenant son petit déjeuner dominical, non, elle n'a pas envie de consommer cette propagande car après tout, qu'il s'agisse de pornographie ou de camps nazis ou de vente aux enchères des Africains, ce qui se passe quand on vous demande de vous mettre nu devant des inconnus ce n'est pas une libération mais une humiliation, ça la déprime et la met en colère malgré l'extrême liberté qu'elle est obligée sous contrainte de se reconnaître. Elle a l'habitude depuis de longues années de ravaler sa colère dans ce domaine parce que dès qu'elle émet la moindre réserve quant à l'utilité et/ou la non-nocivité de cette omnidisponibilité d'images sexuelles violentes (et l'image sexuelle est violente en tant que telle, si on n'est pas d'accord on n'a qu'à se mettre nu soi-même et aller se balader au milieu d'une ville, on verra bien ce qui vous arrive), on lui répond FLEURS DU MAL. Mais oui on a censuré *Les Fleurs du mal* de Baudelaire notre plus grand talent littéraire ! Vous êtes donc du côté de la répression comme l'Église catholique et les associations familiales et religieuses qui ont censuré *Les Fleurs du mal*, horribles puribondes et puditaines qui veulent empêcher les on de jouir en rond !

La femme n'a plus d'appétit pour manger son petit déjeuner alors elle range le pain et le pot de beurre et comme c'est le dimanche matin et qu'elle ne travaille pas aujourd'hui et qu'elle n'est pas croyante et ne va pas à l'église non plus, elle décide d'essayer d'oublier sa colère, de profiter de ce beau moment de liberté à la campagne pour faire un peu de repassage. Elle adore repasser des vêtements en écoutant la radio alors elle allume la radio et, sur une des stations publiques c'est-à-dire subventionnées par l'État c'est-à-dire par le contribuable c'est-à-dire par la contribuable c'est-à-dire par elle-même, elle tombe sur des cantiques catholiques. Elle n'aime pas beaucoup cette musique mais bon, ce n'est pas grave, ça ne veut pas dire que la radio française est en train de faire de la propagande catholique, à ce rythme-là où irions-nous, on censurerait Johann Sebastian Bach, c'est comme Charles Baudelaire n'est-ce pas. Bon alors elle décide de rester calme, elle pose le fer à repasser et retraverse la cuisine et change de station parce que sa conviction intime (qu'elle a quand même le droit d'avoir du moment qu'elle ne le dit jamais tout haut) c'est que ces cantiques merdiques et mièvres ont autant à voir avec Bach que la pornographie de bas étage avec Baudelaire, elle change de station, préférant la culture à la musique, et retourne à sa planche à repasser en se disant que là au moins, elle risque d'apprendre quelque chose. Quelques secondes plus tard, elle sursaute si violemment qu'elle se brûle la main avec le fer à repasser car, même si elle n'en croit pas ses oreilles, ses oreilles disent vrai : elle est en train, sur la station culturelle subventionnée par l'État c'est-à-dire le/la/contribuable/elle-même, d'entendre à ni plus ni moins qu'un *prêche.* Ce n'est ni un imam ni un rabbin qui parle, non, c'est un prêtre catholique ou à la rigueur un pasteur protestant ; il commente un passage de l'Évangile en ânonnant des inepties au sujet de notre sauveur Jésus-Christ et son grand sacrifice pour rédimer nos péchés et patati et patata et même si elle n'a rien contre Jésus-Christ, la femme trouve profondément choquant qu'on vienne lui parler de ses péchés au fin fond de sa cuisine au fin fond de sa campagne sous prétexte que c'est le dimanche matin. Ce n'est ni un débat ni une interview ni un reportage, ce n'est pas une analyse fine et passionnante du discours chrétien, ce n'est ni au deuxième ni au troisième degré, non, c'est un *prêche* vlan en pleine figure, un sermon chrétien livré sans le moindre apprêt le moindre guillemet la moindre distance autrement dit c'est de la propagande là encore, de la propagande chrétienne alors qu'elle n'avait rien demandé. Elle voulait un peu d'intelligence, un peu de présence humaine, un peu de compagnie pour sa séance de repassage, et on lui envoie Dieu et le Christ splatch en pleine figure. Maintenant elle s'est brûlée et heureusement, parce que ça lui donne un prétexte pour se mettre à hurler et à taper du pied.

D'abord elle pourrait être juive ou musulmane ce qu'elle n'est pas mais elle n'est pas chrétienne non plus et elle a *horreur* de la propagande religieuse quelle qu'elle soit, et l'accord qu'elle a passé avec ce pays de la liberté liberté chérie tous azimuts c'est qu'on n'allait pas lui bassiner les oreilles avec Dieu à tout bout de champ puisqu'on avait réussi dans ce pays bien avant les péquenots du monde entier à séparer l'Église de l'État. Elle ne voulait pas de propagande ce matin, ni pornographie ni prêche, *ni Dieu ni cul* (*ni soumise ni pute* en d'autres termes se rend-elle compte soudain), d'ailleurs les deux disent la même chose, à savoir que le corps de la femme est dangereux et doit être contrôlé, maté, supervisé, possédé, que les femmes sont l'origine du mal et que faire l'amour est un péché, les religions monothéistes disent cela et la pornographie est d'accord, pleinement d'accord, la femme pique une crise de rage maintenant toute seule dans sa cuisine parce que si elle proteste on va dire censure Baudelaire Bach liberté d'expression fleurs du mal passion selon Saint-Mathieu ! Tu ne voudrais quand même pas protester contre la beauté éternelle de nos chefs-d'œuvre artistiques ? Non alors tais-toi et retourne à ton repassage et cesse de rouspéter et fais attention à ne pas brûler la chemise de ton mari.

Et donc à cause de la liberté d'expression dans ce pays elle ne peut pas s'exprimer, il faut toujours qu'elle s'exprime seulement pour dénoncer l'absence de liberté d'expression chez les autres mais elle n'a pas le droit de dire que chez nous aussi il y a un problème un grand et grave problème, chez nous non plus on n'est pas libre du tout contrairement à ce qu'on croit, ceux qui font de la pornographie et la consomment ne sont pas libres du tout, consommer de la pornographie n'est pas plus une preuve de liberté que consommer de la religion et le *nu intégral* est à peu près aussi libérateur que *l'islam intégriste*, ce n'est pas ça la vraie liberté pense-t-elle en courant maintenant à la salle de bains chercher un pansement pour sa main brûlée, la liberté on ne peut ni la montrer plein écran ni la voir ni la vendre on peut seulement la sentir et je ne la sens plus du tout en ce moment : alors que je me suis réveillée de si bonne humeur et ne demandais qu'à boire mon café en feuilletant mon journal puis repasser des habits en écoutant la radio me voilà agressée de toutes parts par le pays le plus libre et laïc du monde et je suis si peu libre que je n'ai même pas le droit de dire que je ne suis pas libre étant donné que les Droits de l'homme incluent les droits de la femme que je le veuille ou non et je ne le veux pas je ne le veux pas je ne le veux pas.

Cher Dieu

Baya Kasmi

Dieu,

J'ai envie de te parler, pourtant je ne crois pas en toi. J'ai beau me dire que tu ne peux pas être vrai, je continue à penser à toi. Tu es dans ma tête. De toute façon si tu existes, je suis sûre que tu ne m'en veux pas de ne pas croire en toi. Si tu existes, tu dois préférer ceux qui ne croient pas en toi, vu la façon dont se comportent ceux qui croient en toi, soi-disant à cause de toi. Parce que ceux qui croient en toi, ils disent qu'ils savent ce que tu veux. Mais personne n'en sait rien, à part toi, et encore, si tu existes.

Donc ceux qui ne croient pas en toi te font moins de tort, parce que s'ils font du mal, au moins ça n'est pas ta faute. Et puis s'ils font du bien, ça doit te faire encore plus plaisir, parce qu'ils ne le font pas pour te plaire, seulement parce qu'ils sont sincèrement gentils.

Je m'appelle Loubna et j'ai douze ans.

Je dois parler à quelqu'un, parce qu'à force de me taire, je ne dors plus la nuit. J'ai des sueurs.

Je ne sais pas comment c'est venu. Je me déteste, mais rien n'y fait, ça continue.

J'aime pas les Arabes

J'aime pas les Arabes, sauf ma famille. Et encore, seulement mes parents, mes deux frères, ma sœur et ma grand-mère. C'est tout.

Les autres je les déteste. Je ne les supporte pas. Leur façon de parler, leur façon de manger, leur accent, ce qu'ils disent… Tout… Je les déteste.

Je suis raciste.

Je ne veux pas faire de mal aux Arabes ou les renvoyer dans leurs pays, j'aimerais seulement ne plus les voir.

Je trahis mon père et ma mère. Je suis une honte pour l'humanité. Je mérite de mourir… Mais je ne meurs pas, ce qui est peut-être une preuve que tu n'existes pas.

Parfois, je me dis que si je n'aime pas les Arabes alors que je le suis, c'est certainement que je me déteste aussi. Et c'est vrai, ce que je n'aime pas chez moi, c'est ce qui est arabe.

Par exemple, mon nom je le déteste, Allal, je trouve ça vulgaire… Et Loubna aussi c'est moche. Je préfère Mélissa, Océane ou Caroline.

J'ai commencé à être raciste cette année au collège.

Dans ma classe, sur vingt-cinq élèves, on est quatorze Arabes. En primaire déjà, il y avait beaucoup d'Arabes mais je ne faisais pas trop attention.

Mais au collège, tout le monde ne parle que des origines, surtout les mecs. Ils font les caïds pour se faire bien voir de Mourad qui a redoublé plusieurs fois.

Ils sont nés en France, mais ils font exprès de parler avec un accent et des mots en arabe pour afficher leurs origines. Et plus ils font les fiers, plus je les déteste. En plus ils sont tous nuls en classe, ils ne foutent rien et ils emmerdent ceux qui ont de bonnes notes. Comme si c'était contre leurs principes d'être arabe et bon à l'école. Dès qu'un prof leur fait une réflexion, ils le traitent de raciste. Ils disent que ça sert à rien de faire des efforts parce qu'ils ne trouveront pas de travail. Qu'est-ce qu'ils en savent ?!

J'ai de bons résultats alors ils passent leur temps à se moquer de moi. Dès que je réponds aux questions des professeurs, ils essaient de me foutre la honte et me traitent de fayote.

Le pire, c'est que j'habite à deux pas du collège, alors ils s'installent dans mon hall d'immeuble entre midi et deux.

Je n'ai que douze ans, mais j'ai déjà des seins, de tout petits seins, et c'est suffisant pour me gâcher la vie ; parce que les seins, ça obsède les mecs. Quand je rentre, ils essaient de bloquer l'ascenseur et ils mettent leurs mains sur ma poitrine et sur mes fesses… ça dure seulement quelques secondes, le temps que les portes se referment, mais si j'avais une arme à ce moment-là, je ne suis pas sûre qu'ils repartiraient vivants.

En attendant, je me défends comme je peux, j'insulte, je donne des coups, je griffe, je mords, je vise les couilles… Je suis pacifiste, mais je ne suis pas lâche. Ils me poussent à bout.

Quand l'ascenseur monte, je les entends encore me crier que je suis une salope et une allumeuse.

Mais je les emmerde, moi ! J'ai pas demandé à avoir ces trucs sur le torse.

Je donnerais n'importe quoi pour ne pas avoir de seins et pouvoir enlever mon T-shirt l'été quand il fait chaud, comme les garçons…

Et puis d'abord y a pas de raison ! Qui a décidé que les poitrines des filles étaient choquantes et que celles des garçons ne posaient aucun problème ?

J'ai essayé de parler de ça aux autres filles arabes de la classe, mais elles ne comprennent rien, elles ne sont pas aussi bêtes que les garçons mais elles se laissent faire par eux. Elles sont sages, elles ont de bonnes notes. Elles écoutent leurs frères et leurs parents. Et pendant que les garçons sortent, elles restent à la maison pour aider.

Mes parents ne me traitent pas différemment parce que je suis une fille, et ils ne sont pas très sévères, tant que j'ai de bonnes notes. Alors par principe, j'insiste pour avoir le droit de sortir le soir. J'en n'ai même pas envie, qu'est-ce que j'irais faire la nuit dehors ? Mais je tiens à avoir les mêmes droits que les garçons de mon âge. Je crois que mon père va finir par craquer.

Les parents, il faut les éduquer. C'est un travail de chaque instant.

Parfois je dis aux filles de ma classe que si on s'y mettait toutes, on pourrait les écraser, ces sales cons de mecs, mais y a rien à faire. Leurs grands frères les surveillent, vérifient la façon dont elles sont habillées, qui elles voient et quand elles rentrent. Mes frères, ils ont six et huit ans, et ils sont doux et souriants alors évidemment, c'est plus facile pour moi.

À force de les voir subir sans rien dire, je me sens seule et je me dis que je n'ai rien à voir avec les filles arabes non plus.

Plus tard, elles se marieront avec des Arabes, elles auront plein d'enfants arabes et elles mettront le voile. Elles ressembleront certainement aux mamans du quartier.

Elles sont de plus en plus nombreuses à mettre le voile.

Pas ma mère heureusement, elle montre toujours ses cheveux, mais on ne sait jamais.

Parfois j'ai peur qu'elle devienne un jour comme les autres. Ça serait horrible si ma mère leur ressemblait avec ce fichu sur la tête, comme si elle venait d'ailleurs. Et si elle voulait que j'en porte plus tard... Alors ça, jamais de la vie ! Je m'enfuirais plutôt que d'en porter. Ce que je préfère chez moi, ce sont mes cheveux. Ils sont longs et soyeux et bouclés. Ils sont châtains avec des reflets roux. Les gens pensent que je mets du henné, mais c'est naturel.

Dieu,

Il faut me comprendre. Si je suis raciste c'est que j'en ai marre d'être arabe.

Pour ceux qui naissent de parents français, pour ceux qui ont des visages de Français, c'est plus facile. Ils n'ont pas à dire toujours de quelle origine ils sont. Ils n'ont pas besoin de se poser de questions, ils sont la France, ils sont la Révolution française, ils sont Victor Hugo.

Moi je voudrais être tout ça. Et je le mérite parce que la prise de la Bastille, le serment du Jeu de paume et la mâchoire cassée de Robespierre, je peux les voir, les sentir, les entendre, juste en fermant les yeux. C'est mon histoire. Quand je récite un poème de Victor Hugo ou un passage de *Cyrano de Bergerac*, ça me fait pleurer.

Moi je suis d'origine algérienne, et quand les gens me croisent avec cette origine-là sur la figure, ils pensent aux immigrés qui leur volent leur travail, aux gamins des banlieues qui leur font peur, aux terroristes, aux filles voilées, aux égorgeurs...

Au mieux, ils pensent à Zidane et à l'intégration par le sport. Mais moi, j'en n'ai rien à faire du foot, et je te l'ai dit, je ne crois pas en toi, alors, les voiles, les imams et Ben Laden, ils sont à des millénaires de moi.

Pendant des années, j'ai vu mes parents se justifier au sujet de leur origine et de leur religion.

Depuis que je suis toute petite, j'aime les regarder faire la prière. Chuchoter des mots pour toi, faire tourner leur index, les yeux fermés, concentrés, se pencher, se lever, s'agenouiller. C'est beau.

Il y a quatre ans, mon père a failli mourir parce qu'un type l'a poignardé dans la rue pour lui voler son portefeuille. Le couteau est passé juste entre le poumon et le foie. À quelques millimètres près, mon père serait mort, seul, dans la rue. Il a été opéré et j'ai passé la journée à l'école à attendre des nouvelles. Je m'en souviendrai toute ma vie. Mon père a porté plainte, mais la police a classé l'affaire ; règlement de comptes. Mon père n'a rien dit mais j'ai vu dans ses yeux l'humiliation, la déception, la colère. Il n'avait jamais croisé ce type avant, c'était une tentative d'assassinat ! La vérité, mon père l'a vite comprise : un Arabe qui poignarde un autre Arabe, ça n'intéresse personne, c'est forcément un règlement de comptes !

Dieu,

Cette année, avec le collège, mes seins qui poussent, les mamans voilées et tout ça, j'ai réalisé que je détestais plein d'Arabes. J'avais naïvement cru trop longtemps qu'ils étaient comme mes parents, et chaque fois que mes parents souffraient à cause de leurs origines, j'avais de la peine pour tout les Arabes.

Mais des cons d'Arabes, y en a des tas.

Et quand on y réfléchit, c'est leur bêtise que je suis obligée d'assumer.

À chaque fois qu'un Arabe vole un truc, à chaque

fois qu'un Arabe est violent, se comporte mal, ce sont mes parents qui payent.

Le pire, c'est quand j'ai réalisé que dans ma classe, certains Arabes n'aimaient pas les Juifs, ou les Noirs…

Alors là, je me suis mise à les détester, et je suis devenue raciste à mon tour.

Je les déteste pour le tort qu'ils font à ceux qui essaient tous les jours de combattre les a priori, parce qu'ils rendent vrais ces a priori.

Je déteste l'idée d'être assimilée à des gens que je n'aime pas. Les Français ne comprennent pas que c'est surtout pour nous, les Arabes, que l'existence de ces cons d'Arabes rend les choses difficiles.

Les petits connards de mon collège, non seulement ils pourrissent notre image, mais en plus ils se disent victimes de trucs qu'ils n'ont même pas vécus. Parce que le racisme, c'est nos parents qui en ont souffert, pas nous. Et pour la colonisation c'est pareil. Un jour, j'ai hurlé sur Mourad en pleine classe, je n'ai pas pu me retenir. On étudiait la Seconde Guerre mondiale et l'extermination des Juifs. Moi ça m'a complètement bouleversée. J'imaginais les enfants, et les familles tuées parce qu'elles étaient juives et j'avais envie de pleurer toutes les larmes de mon corps. Et je me disais que c'est comme ça qu'on finirait si Le Pen devenait président. Et c'est là que Mourad a dit : « Y en a marre de pleurer pour les Juifs, nous aussi on a souffert de la colonisation ! » Mourad, il répète des trucs débiles qu'il a entendus.

La colonisation, lui et moi, on l'a pas vécue. Mon père, il l'a vécue ! Quand il était tout petit, son grand-père et sept de ses oncles ont été fusillés par les Français, sans procès. Le plus jeune avait dix-sept ans. Quand je vois leur photo, je pense à mes autres oncles qui étaient trop petits pour être fusillés et qui vivent toujours en Algérie. Ils leur ressemblent, mais ils sont morts depuis déjà tellement longtemps qu'on dirait qu'ils n'ont jamais vécu dans le même monde. Mon père, malgré tout ce qui lui est arrivé, il ne déteste personne, et je trouve ça beau. Mais moi je ne suis pas aussi bonne que lui.

Dieu,

À force de tourner et de retourner les choses dans ma tête, je me dis soudain que je serais raciste aussi si je préférais les Arabes parce que je le suis. Parce que préférer quelqu'un à cause de la couleur de sa peau ou de sa religion, c'est en aimer moins un autre à cause des mêmes raisons. En fait c'est déjà du racisme.

Dieu,

J'ai envie d'air, de partir loin de chez moi. Dans mon quartier, j'étouffe. C'est un truc que je ne comprends pas : pourquoi y a-t-il autant d'Arabes là où j'habite, alors qu'on est en France ?

Alors que, par exemple, à Mesché, au bord de la mer, là où j'étais allée en classe verte, il n'y avait presque pas d'Arabes, à part nous, la classe… Ça, c'est quand même bizarre. Peut-être que quand on choisit un appartement, on peut préciser l'origine des gens avec qui on veut habiter, et que la plupart des gens ils ne veulent pas se mélanger, ils préfèrent rester entre eux... Mais ce qui m'étonne c'est que ce n'est pas le genre de mes parents. Il faudra que je leur demande s'ils l'ont fait exprès, d'habiter avec d'autres Arabes.

Et puis l'autre truc qui me fait peur, c'est que mes parents sont arabes tous les deux, et tous les autres Arabes que je connais se marient aussi avec des Arabes... Je ne dis pas que mon père va m'obliger à me marier avec un Arabe, il ne m'en a jamais parlé et puis il est très gentil et puis il m'aime.

Mais quand même, ça m'inquiète parce que je ne pourrais pas supporter ça.

Je trouverais ça trop moche.

Je voudrais pas continuer à vivre avec tous ces gens qui me ressemblent trop, qui ont les cheveux crépus comme moi, qui font le ramadan comme moi, et qui vont en Algérie l'été comme moi... Ça voudrait dire que le reste de ma vie va ressembler à mon enfance...

Dieu,

J'aime les bras de ma mère, rester là, contre elle, enfouie, sans rien faire. J'aime la chaleur de la peau de mon père, la tête qui tourne et nos rires lorsqu'il me soulève, et me fait tourner en rentrant le soir, malgré le chantier qui lui casse le dos.

Mon enfance n'est peut-être pas encore finie mais c'est comme si elle était déjà derrière moi. J'ai trop envie de grandir et j'attends de la suite de magnifiques surprises.

Moi, je veux découvrir le monde ! Je veux vivre ailleurs, voyager, épouser un Juif ou un Japonais ou un Finlandais... Comme quand je fais de la peinture. Ce que je préfère, c'est mélanger deux couleurs. Prendre un jaune soleil et un bleu roi profond, les faire tourner avec mon pinceau et voir apparaître un vert éclatant. C'est magique.

Mes enfants, je voudrais qu'ils soient des mélanges.

Dieu,

La vérité, c'est que si j'étais née catholique, je détesterais certainement les catholiques, et si j'étais née juive je détesterais les juifs, et si j'étais née bouddhiste ce serait pareil, parce qu'il y a sûrement des cons même chez les bouddhistes.

La vérité, c'est que je suis française un point c'est tout.

La vérité, c'est que j'aimerais que les Arabes arrêtent de me parler en arabe parce que je parle français.

La vérité, c'est que j'aimerais que les Français arrêtent de me parler de mes origines et de me demander ce que je pense de l'Islam, parce que je n'en pense rien.

Dieu,

Je me sens mieux de t'avoir parlé, mais ne m'en veux pas si je ne crois pas plus en toi qu'avant.

Si je croyais en toi, Dieu, peut-être que ça me gênerait moins de passer ma vie au même endroit avec les mêmes gens, parce que je n'aurais pas peur de la mort.

Mais je n'y peux rien, je n'arrive pas à croire en toi et j'ai peur de mourir avant d'avoir pu voir le monde.

Je n'ai pas envie de te prier pour que le monde change parce que mes parents l'ont déjà fait et que tu n'as rien fait. Je crois plutôt que je vais me débrouiller sans toi. Ne te vexe pas.

Un sésame pour la mixité

Gaston Kelman

Un vrai cauchemar. Ce matin, je ne sais pas pourquoi, j'ai cru un instant que je n'étais jamais parti de Kayes. D'ailleurs, j'ai crié *maman* ! Se réveiller en appelant sa maman, quand on a vingt-cinq ans et qu'on est à Paris le paradis tant recherché, si loin de son Mali natal, c'est quand même un peu nul non ? J'aurais voulu vous voir à ma place, même si les autres ont éclaté de rire. J'ai crié parce que je ne sais plus où j'en suis, et que je ne me rappelais pas où j'étais et que je me demande si je suis encore au Mali ou déjà en France. Une histoire somme toute banale quand je regarde autour de moi.

Une semaine que je suis là et je ne suis toujours pas sorti une seule fois de ce foyer qui porte le nom de notre village au pays. À une ou deux exceptions près, nous sommes tous originaires du même village. D'ailleurs ici, les originaires de mon village sont plus nombreux que ceux qui sont encore là-bas. En une semaine, je ne suis pas sorti une seule fois du foyer. Je mange sur place. Tous les jours, les femmes viennent de je ne sais où, avec des marmites de nourriture, poisson au riz, poisson au riz et poisson au riz, après vous pouvez faire votre choix. Le foyer où mon cousin m'a accueilli ressemble à la place du village, seulement ici c'est fermé et je ne vois même pas les rues de France. On vend des cigarettes à l'unité, comme au pays, des bonbons à l'unité, comme au pays, du maïs grillé, comme au pays. Deux moutons sont attachés chaque matin à un poteau. Demain, il y en aura deux autres, différents, bien entendu. Je prie sur place et le soir, je dors sur place sur un matelas posé à même le sol dans l'allée de cinquante centimètres qui sépare les deux lits superposés qui forment les quatre couches de cette chambre où nous dormons à dix, à tour de rôle, cinq le jour et cinq la nuit. Alors, vous comprenez que nous n'ayons pas pu y faire entrer le cousin avec qui j'ai fait le voyage depuis le pays. Heureusement qu'il y avait encore un peu de place sur le plancher de la cuisine.

Je me suis demandé dès le lendemain de mon arrivée pourquoi de telles conditions de vie. Non que je recherche le luxe, mais je suis venu en France pour rencontrer des personnes différentes de celles de mon village, connaître la diversité, me confronter à d'autres réalités. Voilà que par un tour de passe-passe de je ne sais quel mauvais génie, je retombe dans mon village, à manger les mêmes choses en moins bon, à voir les mêmes visages en moins authentique, à vivre comme au village avec moins d'espace.

Aujourd'hui, je suis sorti du foyer. Mon cousin m'a prêté un de ses manteaux. Seulement, il est beaucoup plus petit que moi et je ressemble à un de ces épouvantails que nous mettons dans les champs au pays pour chasser les oiseaux. Nous sommes allés voir des amis qui habitent dans un foyer non loin du nôtre. Ils viennent aussi tous du même village. Ensuite, nous sommes allés aux puces de Montreuil. Je commence à voir des Blancs et je dois avouer que je suis content. Quand nous sommes rentrés le soir, j'ai demandé à mon cousin si c'est nous qui avions choisi de reconstituer nos villages en France. D'un air las, il m'a répondu que ce sont les Blancs qui ont dit que c'était bien pour nous, qu'il ne fallait pas nous couper de nos racines, que c'était bien que nous conservions nos coutumes, que les Noirs aiment vivre ensemble parce qu'ils sont solidaires.

Troisième semaine dans ce foyer. C'est sale et ça sent tellement mauvais. Notre chambre ressemble à un marché aux fripes. Le linge est entassé partout. Les toilettes ne méritent vraiment pas leur nom et les douches sur les paliers découragent de s'en servir. Alors vous comprenez que ça sente mauvais ! On ne se lave pas beaucoup par ici. Il y a ce garçon blanc qui est venu nous voir. Il a dit qu'il faisait des recherches sur les Dogons. Je lui ai dit qu'il pouvait toujours chercher, mais qu'il n'y avait pas de Dogon parmi nous. Il a répondu que ce n'était pas grave, qu'il allait faire avec, parce qu'il n'avait pas assez d'argent pour se rendre souvent en pays dogon comme il aurait aimé le faire, que nos modes de vie ici en France n'étaient pas plus évolués que ceux des Dogons, et que c'était déjà une chance d'avoir un spécimen aussi authentique que moi. Je lui ai dit que je n'étais pas un spécimen. Il m'a dit que ce n'était pas grave. Ensuite, il a eu l'air surpris que je parle aussi bien français. Je crois même qu'il était un peu déçu. Mes cousins – n'oubliez pas que nous sommes tous du même village dont notre foyer porte le nom – m'ont mis en avant parce que c'est moi qui parle français mieux que tout le monde. Franchement, là aussi, je suis surpris. Il y a ici des hommes assez âgés, qui sont en France depuis dix ou vingt ans et plus. Leur français est presque inaudible. Notre chercheur semble donc déçu que je m'exprime si bien en français et il me le fait comprendre avec un « ah, vous parlez français *vous* ? ». Le *vous* et le rictus qui l'accompagnait, étaient lourds de sous-entendus. Je crois que je ne plais plus au chercheur, que je suis suspect de je ne sais quoi. Alors, il s'est tourné vers les autres qui baragouinaient un semblant de français et l'extase est revenue sur son visage. Il avait ses succédanés de Dogons. Je me demande si ce n'est pas pour faciliter le travail des chercheurs de Dogons que l'on nous a rassemblés dans ces foyers qui sentent au moins aussi exotiques que les villages dogons. Seulement, nous on est des Soninkés.

Après ce premier visiteur insolite, je vais observer un réel défilé de chercheurs en tous genres, qui venaient dans notre foyer. Les uns faisaient des recherches sur nos modes de vie ici et là-bas, c'est-à-dire au pays des Dogons, des Soninkés ou des Bambaras, ils ne chipotaient pas pour si peu. Et pour connaître les modes de vie au pays, ils n'ont rien trouvé de mieux que d'interviewer des gens qui ne comprennent pas la moitié des questions qu'on leur pose. Moi, j'ai souvent été écarté de ces débats parce que je n'étais pas assez gens-de-là-bas. Il y a eu aussi des agents sanitaires chercheurs de malades et une fois même un car de police chercheur de clandestins. Dieu merci, j'étais absent au moment où ils sont passés. Trois cousins, dont celui qui est arrivé le même jour que moi et qui dormait dans la cuisine, n'ont pas eu ma chance. J'ai été bien triste pour eux. Je n'ose même pas imaginer l'accueil qui leur sera réservé au pays. Il est évident qu'il serait mieux pour eux qu'ils ne retournent pas au village, puisque très rapidement, ils vont reprendre la route vers l'Occident.

Je suis en France depuis un mois. Le temps se traîne et moi, je m'ennuie. J'en suis à me demander ce que je fais là. Mais quand on est au pays, comment résister aux appels des sirènes de Paname, chant transporté et embelli par la réussite qu'affichent nos cousins qui reviennent en vacances ? Comment ne pas avoir envie de faire comme eux, avoir plusieurs femmes si l'on veut, alterner le boubou et le costume-cravate, aligner une rangée de dents en or – pour certains, la bouche devient un véritable et respectable coffre-fort –, entretenir sa famille, participer à la construction de l'école, de la mosquée et au forage des puits ? Comment ne pas avoir envie de prendre la route comme tant d'hommes de notre village ? Et même si vous n'en aviez pas envie, comment tenir longtemps face aux regards en reproches majuscules que vos parents vous adressent à longueur de journée, surtout quand comme c'était mon cas, ils vous ont fait poursuivre des études secondaires à Kayes et qu'ensuite vous êtes au chômage depuis cinq ans ?

Mais aujourd'hui est un grand jour. Mon cousin m'a dit que j'allais commencer à travailler. Oh, rien de définitif. Un des membres de notre foyer-village va retourner au Mali pour trois mois, car l'une de ses femmes a accouché et l'enfant d'une autre est déjà assez grand pour avoir un petit frère ou une petite sœur, comme il nous l'a fait savoir avec un sourire entendu. Alors je vais le remplacer pour trois mois. Cela va me permettre de payer l'arriéré de loyer de ma place couchette à même le sol, dans notre chambre commune. Mais je dois aussi payer la location de cet emploi, c'est-à-dire que je verse une partie de mon salaire au propriétaire du job qui sera au pays, puisque je vais d'ailleurs travailler sous son identité, à faire du ménage dans les cages d'escalier des logements sociaux.

Ça fait cinq mois que je suis là. Mon bailleur de travail est rentré et j'ai très rapidement trouvé un autre emploi comme vigile dans un supermarché, parce que je suis plutôt costaud, que je parle français et que je suis noir et que je vais avoir pour mission de traquer les petits Noirs et les petits Maghrébins qui font rage, m'a-t-on dit.

C'est la rentrée scolaire. Un ami malien qui vit en appartement est parti travailler. Sa femme ne parle pas français. Alors, je dois l'accompagner à l'école pour la rentrée en maternelle de la petite dernière. Franchement, je pense qu'à Bamako, le pourcentage de Maliens qui parlent français est supérieur à celui de Paris. Vivre en France depuis quinze ans comme c'est le cas pour la femme de mon ami, et ne pas parler français ! Il est évident qu'au foyer, on peut comprendre que les hommes ne parlent pas français : ils vivent ensemble, travaillent souvent ensemble. Mais les femmes en ménage avec des enfants qu'il faut accompagner à l'école, qu'il faut amener à l'hôpital ! Dieu merci, la France a généreusement éparpillé des interprètes partout. Il y en a même dans cette école et je ne sais pas pourquoi mon cousin m'a collé ce pensum. Il ne faut pas quitter votre culture. Ce n'est pas la peine d'apprendre le français.

La directrice de la maternelle s'extasie devant le boubou de la femme de mon ami, devant les tresses de la fillette de mon ami, parle des dents blanches de la femme de mon ami qui mâchouille un cure-dent géant qui ne la quitte jamais. Si cette femme doit s'extasier comme ça pour tous les boubous, tous les rastas et toutes les rangées de dents blanches, elle ne va rien faire d'autre toute sa semaine. Car il faut que je vous le dise, dans cette école, il n'y a aucun vrai Blanc. Bon, certes il y a des Blancs, mais vous savez comme moi qu'il y a Blanc et Blanc. Au Mali, l'Arabe est blanc parce qu'on nous l'a appris à l'école et puis parce qu'il est du côté de ceux qui donnent des ordres ; en France l'Arabe est arabe. De toutes les façons, au Mali il suffit de peu pour être blanc : les métis, les Indiens, les Libanais, les Chinois, tous sont des Blancs. En France, le Turc est plus musulman que blanc. Je ne sais pas si vous avez compris, moi pas. Au cours de mon périple de huit mois dans toute l'Afrique de l'Ouest et du Nord à faire des petits boulots afin d'avoir assez d'argent pour payer mon voyage vers la France, j'ai vu des écoles à Abidjan qui avaient plus de Blancs que cette école de France. Pourquoi regroupe-t-on tout ce monde, comme si on ne voulait pas qu'ils se mêlent aux vrais Français ? Dans cette école, comme je l'ai dit, il n'y a pas un seul vrai Blanc. C'est une véritable mosaïque vestimentaire et ethnique : chatoiement de boubous ouest-africains, scintillement de saris indo-pakistanais, frous-frous de tailleurs en polyester nord-africains.

L'hiver bat son plein et moi je bats la mesure avec mon pied sur le pavé de ce trottoir où l'on m'a affecté. Pour une raison que l'on ne m'a pas dite, dès les premiers vrais froids, on m'a enlevé du supermarché, où j'étais à couvert, pour m'affecter devant une banque. J'en conclus que les petits Noirs et les petits Arabes ne sévissent pas en hiver dans les supermarchés. Peut-être refluent-ils vers les banques ! Je rigole. À quelque chose malheur est bon. Je suis submergé par un sentiment de bonheur. L'hiver, c'est mon premier vrai contact avec la France. Quand j'arrivais, je croyais que j'allais être en contact avec les Blancs. De ce côté, c'est vraiment la portion congrue. Je vis dans un village malien et mes contacts avec les Blancs gardent les aspects identiques à ceux que j'avais connus au pays : je suis en relation avec des patrons blancs comme au pays, des enseignants blancs comme au pays, des médecins blancs comme au pays et comme au pays je n'ai pas d'ami blanc. Je ne parle même pas des rapports intimes. Certes, mon cousin m'a amené dans un coin glauque dont j'oublie le nom où des mâles entraient et sortaient. Quand mon tour est arrivé, je suis tombé sur une vieille au sourire édenté. La débandade assurée, au propre et au sens de la prise de la poudre d'escampette. Quand le froid m'a frappé sur ce trottoir parisien, j'ai senti que j'étais enfin en France. Des températures comme celles-là, je n'en ai pas connu du côté de Kayes.

Un an que je suis en France. Je suis parti du foyer. Je n'en pouvais plus de vivre dans mon village au bord de la Seine. C'était très éprouvant mais ce n'était pas tout. J'ai aussi découvert que le locataire principal de la chambre où mon cousin m'avait introduit me faisait payer plus de la moitié du loyer pour le bout de plancher que j'occupais à mi-temps entre les deux lits. Quand on sait que nous étions dix dans cette chambre, même si les tarifs étaient différents selon qu'on avait les papiers – je n'en avais pas – ou non, le tarif le plus élevé étant réservé aux sans-papiers, bien évidemment. Quand je pense à ce visiteur blanc qui disait que le foyer est facteur d'intégration des Noirs en France, parce qu'il est lieu de solidarité et d'apprentissage progressif des modes de vie en France !

J'avais vraiment envie de voir autre chose que mes cousins du même village. J'ai dit à mon cousin que je voulais partir. Je lui ai dit que j'en avais assez de dormir à même le sol. Il m'a dit que c'était idiot d'aller perdre de l'argent en loyer alors qu'il y avait les parents au pays qui ont besoin d'argent. C'est un argument fort. Je lui promets que je n'oublierai jamais le pays, ni les parents qui ont besoin d'argent, ni les écoles à construire à la place de l'État, dans des villages dépeuplés, pour montrer que nous avons réussi en France, ni les dents en or qui concourent au même objectif.

Je suis allé partager la chambre de bonne d'un étudiant originaire de Centrafrique. Nous nous sommes connus au travail. Il a dû se résoudre à faire des petits boulots depuis que son pays a arrêté de lui verser sa bourse. Il est étudiant en urbanisme. Son rêve, qui s'effiloche de plus en plus, était d'aller construire les villes de son pays. Maintenant, il est en train de mettre en place une stratégie pour sortir de sa condition d'étudiant et avoir une carte de séjour de résident privilégié. Il est déterminé et c'est évident qu'il va réussir. Sa détermination déteint sur moi et petit à petit je reprends courage.

Nous discutons des nuits entières. Nous refaisons cent fois le monde africain. Nous refaisons cent fois le monde français, les erreurs qui ont été faites sur l'interprétation des besoins et des attentes des immigrés, leur assignation à résidence tribale et identitaire, la ghettoïsation, le refus des autorités de parler de mixité, l'incapacité des migrants noirs à chercher et à trouver leur place ici et l'alibi, le prétexte de plus en plus fallacieux de l'attachement au pays et du retour certain. Il pense que la logique française face aux anciens colonisés continue à être une logique coloniale ; que l'on a toujours pensé que la condition de l'immigré issu des anciennes colonies était héréditaire ; que c'est pour cela que les petits Arabes et les petits Noirs nés en France continuent à être désignés comme les fils d'immigrés et comme des générations, et comme des Franco-ceci ou des

Franco-cela que l'on n'arrête pas de les renvoyer à leurs cultures et à leurs racines, alors que les petits Blancs issus de l'immigration sont tout simplement français.

Il est déterminé à apporter de la mixité en France, qu'elle le veuille ou non. Avec un sourire en coin, il me dit que le devoir de l'immigré, c'est d'enrichir le pays d'accueil de ses propres valeurs et des éléments de la culture d'origine qui sont compatibles au modèle local. Puis un jour, je découvre le sésame de sa mixité à lui. Quelconque : une vingtaine d'années, assez dodue de partout, un peu simplette, ouvrière en préparation de commandes chez je ne sais plus quel gérant d'entrepôt. Pas mal pour un sésame de la mixité dont la mission est un peu plus complexe, puisqu'elle sera le sésame de la légalité de mon ami en France, le sésame qui ouvrira les coffres-forts de la préfecture pour en sortir la carte de résident privilégié.

Je suis sorti du foyer. Je découvre peu à peu la France. Un jour, mon sésame viendra.

Le perce-oreille

Véronique M. Le Normand

– Eh, le nain ! Casse-toi, t'as pas le droit d'être là !

– J'attends ma sœur.

– Qui c'est ta sœur ?

– Marie Martouret.

– Marie ! OK ! Ne reste pas sur le mur. Mets-toi contre la fontaine.

– Le mur, il est à tout le monde !

Le mur n'est pas à tout le monde, il est à nous. À la bande des Onze. Ça s'est fait en une nuit. La veille, ils étaient encore là, le lendemain, ils n'y étaient plus. Le car les a emportés tous d'un coup. Ils sont au lycée maintenant. Dans la vallée. À la fin de la semaine, quand ils rentreront, ils ne viendront plus sur le mur. Ils iront s'asseoir à la terrasse de L'Ouranos. Eux, c'était la bande à René Mur. Ils étaient intraitables avec les petits.

– J't'ai dit pas contre le mur ! T'es sourdingue ou quoi ?

La bande à René Mur, nous la bande des Onze, on est leurs successeurs. René, c'est mon frère. On l'appelait René Mur parce qu'il tenait le mur depuis deux ans. Son vrai nom, c'est René Finet et moi je suis Marc Finet, le chef de la bande des Onze.

Sans le mur, je serais perdu. D'un côté, il y a le petit bassin de la piscine, là où les têtards apprennent à nager. De l'autre, il y a le terrain de pétanque où s'éclatent les zombies. Au bout, il y a la fontaine aux ours, en face, la place de l'église et derrière, l'hôtel de ville.

– Contre la fontaine, j'ai dit. Ou tu dégages !
– Qu'est-ce que ça peut te faire ?
– Ça peut me faire que c'est le règlement.

Il faut imposer sa loi dès le début. C'est ça qu'il a dit, mon frère. Dès le début. Être très ferme ! Très, très ferme ! C'est plus facile d'adoucir la fermeté que de durcir la mollesse. C'était un chef, mon frère. De son temps, je n'aurais jamais pu traîner comme ça si près du mur. Je l'ai vu tenir le mur par moins quinze. Il faut le faire !

« Fais gaffe à ton nez, lui avait dit Loulou qui a connu des gars dans la Résistance. On ne sent pas le froid sur le nez. En quarante, j'en ai vu un qui a perdu son nez. »

Après, il touchait tout le temps son nez, René. Cet hiver-là, il m'a taxé vingt euros dans ma tirelire, pour s'acheter une cagoule en polaire. Quand je m'en suis aperçu, je me suis jeté sur lui, on s'est battus, et je me suis mordu la lèvre si fort que j'en ai encore la cicatrice.

J'adorais les mater, la bande à René Mur. Je faisais semblant de venir jouer chez ma copine Rosalinde, la fille de la coiffeuse. Je m'installais à la fenêtre et je les regardais. Au début, il n'y avait que des gars. Mais très vite, ils sont passés mixtes. À Noël, je crois bien. Un matin, René a emprunté le rasoir du paternel et devant la glace de la salle de bains, en examinant ses poils de barbe, il a prononcé cette phrase historique : « Les filles sont des gars comme les autres ! » J'étais épaté. Il a ajouté : « La preuve, elles sont en tête de classe. » Et Betty Lajarjatte a fait son apparition sur le mur, avec sa combinaison de ski bleu pâle, et un turban assorti, dans ses longs cheveux blonds. J'adorais sa façon de s'asseoir, en amazone, là où le mur commence à être plus haut, et elle regardait loin par-dessus le tennis. Et tous les jours, ils se faisaient une séance de bouche-à-bouche avec René, après le collège. Très vite, les autres aussi ont voulu apprendre à mettre la langue et à tenir la main, donc il y a eu autant de filles que de gars. C'était beau de les voir, là, comme des oiseaux posés sur le fil avant la migration.

Le jour où je les ai surpris en train de fumer leur première cigarette, c'est vrai que j'ai foncé à la maison, tout rapporter à notre mère, mais René a été plus rapide. Il a aussitôt confisqué le cerf-volant que je range dans le garage et il a menacé de le mettre en lambeaux. Un beau cerf-volant jaune que mon grand-père m'avait offert pour mon anniv.

– Fumer tue ! J'ai crié en claquant la porte de rage.

René a fondu sur moi comme l'épervier sur le pauvre petit mulot. Il m'écrasait la tête dans ses deux grosses paluches en hurlant :

– Exact, fumer tue !

Puis il m'a lâché et, impitoyable, il a ajouté avec sa voix rayée par la mue :

– Pas celui qu'on croit !

Cette année-là, l'hiver a battu des records de froid et de neige. Alors, en février ils ont construit un igloo pour garder le mur. Tous les grands du village sont venus visiter. Il se trouve que je connais bien M. le maire – c'est le père de Rosalinde –, et il m'a fait rentrer avec lui. Pendant que je rampais dans le petit tunnel, je pensais que j'étais dans un intestin. Soudain je suis arrivé dans la grande pièce. C'était magnifique. Il y avait une lumière bleue. C'était beau et calme. On pouvait se tenir à trois ou quatre. M. le maire faisait des compliments. Moi, je souriais, tellement j'étais fier d'avoir réussi à rentrer. René n'a rien pu dire. Pas une seule fois, son regard n'a croisé le mien. M. le maire lui a posé des questions sur la construction. Un moment, René a dit :

– C'est comme dans le ventre de votre mère.

– Ah bon, tu connais le ventre de ma mère ? a dit le maire qui est un plaisantin.

Après, chaque fois que René a été tenté de me faire payer cette incursion dans son monde, je répétais cette phrase : « Ah bon, tu connais le ventre de la mère du maire ? »

Ça l'arrêtait immédiatement.

Dès la fonte des neiges, j'ai repris mon vélo. Ça me permettait de faire des allées et venues devant le mur. Souvent, je m'arrêtais à la fontaine pour boire dans mes mains. Et quand il faisait carrément chaud, je penchais ma figure sous le filet d'eau. Parfois, j'entendais les conversations. Un jour, Jean-Kevin Dombel, dit Jean-K, a dit :

– Vous avez vu la Carla ?

C'était une fille de ma classe, j'ai prêté l'oreille.

– Elle a encore gonflé. Elle est aussi haute que large maintenant. Elle va exploser si ça continue.

– Il paraît qu'elle ne mange que des gâteaux et des pizzas. Matin, midi et soir, a précisé Betty.

– Je ne veux pas de gros ni de grosses sur le mur, compris, a dit René. Déjà que je ne supporte pas les petits, mais les petits gros, c'est encore pire. On devrait les virer du village. C'est mauvais pour l'image du mur.

C'est mauvais pour l'image du mur ! À la qualité du silence qui a accueilli cette phrase, j'ai senti que René venait de sortir quelque chose de très important. J'étais content d'avoir été témoin de ça. J'ai pédalé jusque chez Carla Combette et j'ai dit à sa mère : « Vous savez, madame Combette, il faut faire attention à votre fille, si elle continue à ne manger que des pizzas et des gâteaux, elle va exploser. Et puis si elle n'explose pas, on va l'exterminer. C'est mauvais pour l'image du mur, une fille comme ça dans le village. Si vous avez Internet, il faut qu'elle se connecte sur machineacaca.com, elle apprendra à sélectionner ses aliments pour faire un beau caca. Et elle dégonflera. »

C'était Rosalinde qui m'avait montré le site. Elle était très attentive à sa ligne, Rosalinde. Le moment venu, elle avait bien l'intention de poser sur le mur. Secrètement, son modèle, c'était Betty Lajarjatte.

Au mois de juin, à la Saint-Jean, exactement, René a décidé de faire une grande fête pour ceux qui avaient eu leur anniversaire ce mois-là : lui, René, Jean-K, Betty et Marie-Maud. Marie-Maud Lacqueyrie venait du village voisin, de l'autre côté du col de Proncel. Elle était très brune, un peu comme une Indienne, et elle montait les palominos à cru. On l'avait souvent vue traverser la plaine de Charose au triple galop. Depuis la mort de leurs parents, elle vivait avec son grand frère, Étienne dit le Kid, dans le hameau des Granges. On racontait des choses terribles sur eux, forcément des orphelins ! Mais chez nous, on aimait bien Marie-Maud. Mon père disait : « Elle a du chien, cette petite Marie-Maud. » En fait, elle avait six chiens.

Je n'avais jamais vu autant de monde sur le mur. Ça allait de la fontaine jusqu'à la poste. Quand Jean-K s'est pointé avec Thomas, son frère de mon âge, j'ai cru que René allait céder exceptionnellement et accepter les petits. Mais non, il a pris Jean-K à part et je l'ai vu ramener Thomas dans leur maison, un chalet derrière l'hôtel de ville. La fête durait, durait. Alors avec Rosalinde, on s'est endormis en laissant la fenêtre ouverte. La musique jouait très fort et vers minuit des pétards ont pété. Juste après on a entendu les pompiers. Et les gens du village ont surgi de chez eux et se sont précipités sur le mur. Jean-K était tombé. Ivre mort. Dans le petit bassin. Il a fallu lui faire la respiration artificielle et le mettre sous perfusion. La bande à René Mur s'est dispersée très vite. Le scandale était immense. Le lendemain, on ne parlait que de ça. Les mères disaient : « Il aurait pu se tuer, c'est un miracle. » Les pères n'avaient qu'une question à la bouche : « Qui est le salopard qui leur a fourni de l'alcool ? » À neuf heures du matin, les gendarmes sont venus au garage. Mon père a fait sortir Mlle Gagères, la secrétaire, et à travers la vitrine où il organise sa collection de petites voitures de marque Citroën, je l'ai vu palabrer avec le commandant. Puis il a appelé ma mère et elle est allée sortir René de son lit. Il n'en menait pas large, mon frère. J'aurais bien voulu savoir lire sur les lèvres à ce moment-là.

Pendant quelque temps, le mur est resté vide. Nous les petits, on n'était même pas tentés d'aller s'y poser. C'était bizarre. Le village retenait sa respiration. Mais chaque fois qu'un parent s'arrêtait au garage, on entendait des phrases comme :

« C'est pas les nôtres ! »

« Tu me connais, je ne suis pas du genre à prendre

pour argent comptant tout ce que me raconte mon René, mais cette fois, je le crois. »

« C'est pas nouveau. Chaque fois qu'ils passent le col pour venir à une fête ici, il y a un drame. Le Kid et Marie-Maud vivent en sauvages, sans morale, dans un pays où les habitants ne sont pas comme nous et ça ne date pas d'hier. »

« N'importe quel étranger vaut mieux que ceux de là-bas ! » répéta René, le jour où le mur reprit ses activités, avec le retour de Jean-K complètement réparé. Marie-Maud et ceux qui habitaient de l'autre côté du col furent exclus définitivement. C'étaient les vacances et les étrangers pour remplacer ceux de la montagne, ça ne manquait pas. Chez nous, on a toujours aimé les étrangers. Au collège Nature et Sport, il y en a beaucoup. Ils viennent de la vallée, ou de Marseille et même de Paris, et des fois, certains passent champions, champions de ski de fond, champions de biathlon. « Chez nous, on est ouverts. De l'autre côté du col, ils sont arriérés. » C'est ça qu'on se répète de génération en génération. Du 14 juillet au 8 août, ça a défilé sur le mur. À part les petits et ceux de là-bas, tout le monde pouvait venir. On y a même vu des étrangers de l'étranger, John John le correspondant anglais de Jean-K, et Antonia, la voisine de Betty Lajarjatte, des Hollandais des Pays-Bas qui ont acheté la maison de la vieille Revoux.

J'aimais bien Antonia, elle aussi, elle avait la passion des perce-oreilles. « Regarde, ils sont tous pareils, elle me disait. C'est très utile, ça mange les pucerons et les moustiques, m'avait expliqué grand mère. » Cet été-là, il y en avait des milliards et personne ne les aimait parce qu'ils se fourraient partout, sauf Antonia et moi. À la coopérative agricole, j'avais entendu un vieux raconter qu'il fallait leur construire des petites maisons parce qu'ils aimaient la chaleur. Alors dans le jardin d'Antonia, on a fabriqué un village de perce-oreilles. On retournait des pots en terre remplis de paille et, autour des maisons, on traçait des rues, des avenues, des places. On avait même bâti une petite église et un cimetière avec des cailloux pour figurer les tombes. Antonia était plus grande que moi, elle avait l'âge de René, mais on s'entendait à égalité. Jamais elle ne m'a fait remarquer que j'étais petit. Quand ça a été fini, elle m'a serré la main et elle a dit :

– J'ai été très contente de travailler avec vous, Marc Finet.

Et on a fait le tour de notre village pour voir s'il ne manquait rien. Ça nous est apparu au même moment :

– Tu vois ce que je ne vois pas, elle a dit.

– Le mur ! j'ai fait.

On était en plein chantier, quand j'ai entendu le premier gloussement. C'était un gloussement que je connaissais bien. C'était le gloussement de Betty quand René la chatouillait. J'ai focalisé sur la maison Lajarjatte, pensant que mon frangibus était dans les parages. Et là, oh surprise, par une fenêtre du premier étage, j'ai distinctement vu la Betty dans les bras de Peter, le frère d'Antonia, un vieux de dix-sept ans au moins ! J'ai fait semblant de rien. Mais je n'avais plus le cœur à l'ouvrage. Dès qu'on a eu fini, je suis parti, refusant le sirop à la mûre et la pogne à la confiture de myrtilles que la mère d'Antonia nous servait sous la tonnelle. J'ai réfléchi toute la nuit et, au matin, alors qu'on buvait tranquillement notre chocolat chaud, seuls dans la cuisine, j'ai craché le morceau à René :

– Betty s'est fait chatouiller par Peter.

René est resté trois jours sans sortir de sa chambre, refusant de parler et même de manger. Au début notre mère était inquiète, mais il se levait la nuit pour visiter le frigo. Ça l'a rassurée. Le troisième jour, René m'a demandé d'aller chercher Jean-K, et ils ont décidé d'un commun accord que le mur serait interdit aux filles jusqu'à nouvel ordre.

– Toutes les filles ? a demandé Jean-K.

– Toutes les filles ! a précisé René.

J'attendais qu'ils me disent quelque chose pour me remercier d'avoir agi en frère fidèle. Je ne le quittais plus d'une semelle. Au moment où je n'espérais plus rien, il a dit :

– Je t'autorise à rester sur le mur avec moi jusqu'à la rentrée des classes.

J'ai été le premier petit de ma génération à connaître le mur avant l'âge. La période la plus heureuse de ma vie était très triste pour eux. Les filles passaient et repassaient devant le mur sans les regarder, pendant que j'essayais de les distraire avec mes histoires de perce-oreilles.

– Tu commences à nous les briser avec tes perce-oreilles, a dit Jean-K.

– Je dirais même plus, tu nous les perces les oreilles, a ajouté René.

Ils ont tous rigolé.

Heureusement, le lendemain, c'était la rentrée. Je préférais m'en aller avant d'être jeté.

Nos sacs et nos cahiers sentaient encore le neuf quand René est rentré avec un devoir à faire qui a mis notre famille en ébullition.

– La mixité et puis quoi ? C'est quoi la phrase ?

– Il n'y a pas de phrase. La mixité. C'est tout.

– La mixité, je suis pour, a dit mon père en attaquant son steak. Toi aussi Coco, tu es pour ? Hein ?

Coco c'est Corinne, notre mère. Grand-mère nous a toujours dit qu'elle était très bonne élève et qu'elle aurait pu aller à l'université mais qu'elle a préféré rester au village avec mon père. Ce jour-là on a appris que de leur temps, les écoles n'étaient pas mixtes. Il y avait des classes de filles et des classes de gars.

– Dès que j'ai tenu le mur, a dit papa, je l'ai ouvert aux filles. J'avais très envie de rentrer en contact avec votre mère. Eh bien, vous savez quoi ? Elles sont venues sauf elle.

J'étais épaté par ce que j'entendais. D'abord j'apprenais que le mur existait déjà. Ensuite que ma mère ne s'était pas précipitée dessus comme nous dès que ça avait été possible.

– Et les petits ? j'ai demandé.

Un coup de klaxon a appelé mon père à la pompe à essence. Pendant ce temps-là, notre mère a commencé le plan du devoir de René. En plus de la mixité sexuelle, elle a parlé de la mixité sociale, religieuse, ethnique… ça mixait de partout. J'ai essayé de glisser :

– Et les petits ?

Ça n'intéressait personne. Mon père est revenu, avec un sourire jusqu'aux oreilles.

– J'ai posé la question à l'électricien. Il est bien, cet homme-là. Il a dit : « La mixité, c'est le plus et le moins qui, en se frottant l'un à l'autre, créent la lumière. » Là-dessus, la femme du bedeau est arrivée avec sa tête de cimetière et toute foldingue qu'elle est, elle a dit : « C'est la vie contre la mort. C'est la matière contre le vide. C'est l'esprit contre le corps. Sans mélange des contraires et des différences, il n'y a pas de vie. La mixité, c'est un moteur. » En gros, les clients sont pour la mixité. Mais comme dit le maire, il ne faut pas que ça tourne au bordel généralisé.

– Et les petits ?

– Les petits ? Tu nous emmerdes avec ça. Les petits, ils la bouclent et ils attendent de devenir grands.

Après ce devoir, René a de nouveau ouvert le mur aux filles. Et comme il est sorti avec Marie-Maud, ceux de là-bas ont eu le droit de venir aussi. Le temps a passé et je suis devenu moyen. Quand ça a été mon tour de prendre le mur, j'ai eu une discussion avec mon frère. Il a dit :

– Il n'y a pas de solution.

– C'est pas marrant si n'importe qui peut venir, j'ai dit. Il n'y a rien à garder. Il ne se passe rien.

Mais mon frère avait la tête ailleurs. Loin dans la vallée.

Alors, j'ai eu une idée, on serait onze, pas un de plus. Pour accéder au mur, il faudrait attendre que l'un de nous meure, ou bien déménage.

Enfin c'est ce que je pensais hier.

Quand Marie Martouret est arrivée, elle fait partie de la bande des Onze, et qu'elle a vu son petit frère, elle m'a supplié :

– Allez, tu peux bien le laisser se poser sur le mur. Il est très intelligent et très mignon. Tu vas voir ! Tu l'adoreras.

Comme je résistais, elle a murmuré :

– Tu as déjà embrassé une fille ?

J'ai laissé entendre que oui. Elle a ajouté :

– Sur la bouche ?

Elle était vraiment jolie, Marie, avec ses boucles de cheveux clairs et ses grands yeux noisette. Elle me souriait. Elle a murmuré à mon oreille :

– Si tu ne laisses pas mon frère s'asseoir sur le mur, je serai obligée de partir avec lui.

Qu'est-ce que vous auriez fait à ma place ?

Dissemblance

Marc Levy

– Depuis combien de temps sommes-nous là ?

Aaron posa sa main sur la terre meuble et acheva de tracer un cercle parfait.

– Pourquoi tu ne réponds pas ?

Aaron se leva et avança vers la porte. Il l'effleura, haussa les épaules et retourna s'asseoir à même le sol, contre le mur.

– Fais comme tu voudras. On est là, seuls comme deux cons, mais si tu préfères te sentir encore plus seul…

– On est entrés dans cette pièce ensemble, tu dois savoir aussi bien que moi depuis combien de temps nous croupissons ici. Alors pourquoi perdre ton temps à me le demander ?

– Parce que justement, je n'arrive plus à me souvenir.

– Eh bien cherche, ça t'occupera.

– Qui t'a dit que je m'ennuyais ?

– Tu n'arrêtes pas de tourner en rond.

– C'est toi qui viens de te lever encore une fois, moi je n'ai pas bougé.

Les deux hommes se regardèrent. Aaron effaça

son cercle pour entreprendre cette fois de tracer un carré.

– Quand j'étais enfant, ma mère m'apprenait à compter les nuits d'absence de mon père en « dodos » comme elle les appelait. C'était devenu une unité de mesure pour moi. Je croyais que le temps se décomposait non pas en heures mais en dodos. C'est idiot non ?

– C'est toi qui es idiot… répondit Aaron. Tu as peur à ce point-là pour avoir besoin de parler tout le temps ?

– Je ne sais pas, Aaron.

– Tu ne sais pas depuis combien de temps nous sommes là, tu ne sais pas si tu as peur, tu sais quelque chose au moins ?

– Je sais bien qu'on est là depuis longtemps, mais je n'arrive plus à compter les dodos, Aaron.

– Cela n'a pas grande importance, tu n'es plus un enfant à ce que je sache.

– Qu'est-ce que tu en sais ?

– Je me fiche complètement du nombre de tes dodos ; j'aimerais mieux savoir combien de temps je vais devoir encore te supporter dans cet espace exigu.

– Tu serais vraiment mieux tout seul ?

– Pas si tu te taisais, tu m'empêches de réfléchir.

– Et on peut savoir à quoi tu réfléchis ?

– À mon père. Moi aussi j'ai une absence ; je n'arrive pas à me souvenir de son visage. Tout à l'heure, ses traits étaient encore présents, mais depuis ta satanée histoire avec ta mère, je pense à lui et je n'arrive plus à me représenter ses yeux, est-ce qu'ils étaient bleus ou marron ? Merde alors, on ne peut quand même pas oublier la couleur des yeux de son propre père !

– Moi, je me demande si je les ai jamais vus, les yeux de mon père.

– Qu'est-ce qu'il faisait dans la vie ?

– Il était dans la milice.

– C'est un métier, ça ?

– Peut-être pas, mais c'est le seul que les hommes de mon village pouvaient trouver pour nous faire bouffer. Et toi, il faisait quoi ton père ?

– Il était dans l'armée. Un haut gradé.

– C'est pour ça que tu ne peux pas te souvenir de la couleur de ses yeux… à cause de la visière de sa casquette !

– Je te préviens, si tu te fous de la gueule de mon père je te casse la tienne.

– Je ne peux pas me foutre de sa gueule alors que tu ne te rappelles même plus à quoi elle ressemble… je n'ai aucune imagination.

– Alors tais-toi.

Silence.

– Aaron ?

– Qu'est-ce qu'il y a encore ?

– Pourquoi tu ne m'appelles jamais par mon prénom ?

– Je n'avais pas remarqué.

– Chez nous, on raconte que vous ne voulez pas connaître nos prénoms.

– Quelle idée étrange ! Et pourquoi ?

– Chez nous, on dit qu'apprendre le prénom de quelqu'un, c'est déjà le connaître un peu. Et c'est plus difficile de tirer sur quelqu'un que l'on connaît. C'est pas idiot comme raisonnement.

– Peut-être, mais c'est chez vous qu'on raconte ça, pas chez nous.

– En tout cas, moi je connais ton prénom, toi tu n'as toujours pas prononcé le mien.

– Tais-toi, Saïd, tu me fatigues avec tes raisonnements idiots, aussi idiots que toi et tous les tiens.

– Aaron ?

– Mais qu'est-ce qu'il y a encore ?

– J'aurais voulu que tu connaisses ma grand-mère.

– Ta grand-mère, ta mère, tes dodos, tu m'emmerdes avec ta famille, Saïd.

– Tiens, là tu as dit mon prénom. Tu vois, tu commences à me connaître un peu, c'est bien, ça me fait plaisir.

– Ça me fait plaisir de te faire plaisir. Maintenant laisse-moi réfléchir en paix.

– Tu ne veux pas savoir pourquoi j'aurais voulu que tu connaisses ma grand-mère ?

– Je ne veux pas le savoir, mais comme tu vas me le dire quand même, vas-y, après j'aurai peut-être un peu la paix.

– Et d'abord à quoi tu réfléchis de si important pour avoir besoin d'un tel silence ?

– À la façon de sortir d'ici !

– Pourquoi ? On n'est pas si mal ici, je veux bien

le prendre, moi, ce repos. J'étais fatigué ces derniers temps, tu sais.

– C'est bien ce que je disais, tu es un parfait idiot, Saïd, tu te contentes de ton sort.

– Tu vois, c'est à cause de ce genre de phrase que j'aurais voulu que tu connaisses ma grand-mère.

– Je ne vois vraiment pas le rapport.

– Tu dis que tu te bats pour ton bonheur mais tu es incapable d'en apprécier le moindre petit moment. Cela faisait combien de jours dehors, que tu grelottais la nuit, que tu suais le jour à en crever, que ton estomac était vide, que tu ne pouvais même plus déglutir tellement tu avais la gorge sèche ? Ici on est tranquilles, il ne fait ni froid ni chaud, nous n'avons ni soif ni faim, et toi tu veux déjà sortir ! C'est toi l'idiot.

– Et qu'est-ce que vient faire ta grand-mère là-dedans ?

– Elle t'aurait appris la sagesse !

– Venant de toi ça me fait bien rire, elle n'a pas dû trouver le temps de te l'apprendre, sa sagesse.

– Je te préviens Aaron, si tu te moques de ma grand-mère, c'est moi qui te casse la gueule.

– Laisse ta grand-mère en paix avec mon père là où ils sont, et arrête de gesticuler comme ça.

– Aaron, tu le sais, toi, pourquoi nous nous haïssons ?

– Ça aussi tu l'as oublié ? Parce que tu es mon ennemi, Saïd, c'est ainsi.

– On ne se connaît pas, on ne s'est jamais rencontrés

et pourtant, nous sommes ennemis. Ça donne à réfléchir, non ?

– Je n'avais pas besoin de te connaître, c'est dans notre histoire. Nos pères se haïssaient déjà.

– Tu n'as pas répondu à ma question, Aaron. Peut-être que tu ne connais pas la réponse et tu as peur d'avouer ton ignorance.

– Vas-y, je t'écoute, toi qui sais tout.

– C'était ma grand-mère qui savait tout !

– Et revoilà son aïeule ! Mon Dieu, mais qu'est-ce que j'ai bien pu faire pour me retrouver ici avec lui ?

– Ton Dieu ! Tu sais, ton Dieu et le mien, c'est le même, il change juste de nom quand il franchit la frontière.

– De langue aussi, je te ferais remarquer, ça fait déjà une sacrée différence pour un seul homme non ?

– Ce n'est pas un homme c'est un dieu. Moi je vais te le dire, Aaron, pourquoi nous nous haïssons. Nous ne parlons pas la même langue, nous ne portons pas les mêmes habits, nous ne fréquentions pas les même écoles, nous ne mangeons pas les même plats et nous ne disons pas les mêmes prières ; voilà une sacrée liste de différences, bien trop grande pour que nous les hommes, nous nous entendions.

– Tu n'y es pas du tout, je me fiche de ce que tu manges, de ce que tu dis, des vêtements que tu portes.

– Alors pourquoi nous haïssons-nous ? Ça aussi tu l'as oublié, comme la couleur des yeux de ton père ? Dis-le-moi si tu t'en souviens. Dis-le-moi et je te jure sur mon Dieu que je commencerai à réfléchir avec toi à la façon de te faire sortir d'ici !

– Parce que toi tu as l'intention de rester peut-être ?

– Je ne sais pas, je n'ai pas encore pris ma décision ; mais ne t'écarte pas du sujet. C'est vraiment une sale manie que tu as.

Aaron se leva et se mit à faire les cent pas. Soixante-dix pour être précis, soit exactement dix tours des quatre murs qui les entouraient, et plus il réfléchissait à la question de Saïd, plus il lui semblait que ses pas s'allongeaient comme si la pièce s'agrandissait. Effet de la fatigue probablement.

– Et toi, tu me dis que tu connais la solution ? dit-il en pointant un doigt vers Saïd.

– Moi je te dis que toi tu la connais, seulement, c'est difficile à avouer.

Aaron fixa Saïd du regard.

– Et si je te la dis, cette raison, qu'est-ce qui me prouve que tu m'aideras vraiment à sortir d'ici ?

– Ce n'est pas ce que je t'ai promis. Je me suis engagé à y réfléchir à tes côtés, et si le marché ne te semble pas suffisant, je te promets autre chose, mais ça c'est une surprise.

– Quelle surprise ?

Saïd croisa les bras et attendit qu'Aaron s'exécute.

– Bon, tu veux savoir la vérité, je vais te la dire. Mais je te préviens, Saïd, si tu la répètes à qui que ce soit je t'arracherai la langue.

Saïd se contenta de sourire.

– La vérité c'est que nous vous haïssons parce que nous avons peur… peur de vous.

– Pourquoi ? demanda calmement Saïd.

– Parce qu'à force de vivre côte à côte, nous nous mélangeons et vous déteignez sur nous. Nous devons protéger qui nous sommes, et d'où nous venons, voilà la vérité.

– Parce que tu sais d'où tu viens toi ?

– Bien sûr, nous sommes l'une des plus vieilles tribus du monde !

– À quoi cela te sert, tout ce passé ? Je ne vois pas pourquoi aller se faire descendre à la guerre pour défendre ses origines, quand on n'arrive même pas à se souvenir de la couleur des yeux de son propre père ! À mon tour de te faire un aveu, Aaron ; chez nous, on vit avec la même trouille. On en avait tellement mal au ventre, de cette peur-là, qu'un jour on a pris des pierres pour vous les jeter à la gueule, pour vous faire disparaître et la peur avec. Vous nous avez tiré dessus, on a tiré nous aussi. Mais on avait moins de balles que vous, ça coûte drôlement cher, les balles ; on n'avait pas l'argent, alors on a fabriqué des bombes. On nous les accrochait autour de nos ventres, ces bombes qui ne coûtent pas cher à fabriquer, là où la peur nous faisait mal, et on vous les faisait péter à la figure. L'escalade quoi !

Aaron se laissa glisser le long du mur et recommença à tracer un trait dans la terre meuble. Cette fois sa main dessina un triangle.

– Tu ne réponds rien ? enchaîna Saïd.

– Il n'y a pas grand-chose à ajouter. C'est l'escalade comme tu dis. Tu sais, Saïd, il y a une question que je n'ai jamais osé poser à quiconque.

– Quelle question ?

– De toute manière, ça ne sert à rien, je ne vois pas comment toi, tu pourrais avoir la réponse, personne ne la connaît.

– Aaron, ton père avait les yeux bleus !

– Et comment tu sais ça toi, tu ne l'as jamais connu ! demanda Aaron en s'emportant.

– Parce que toi tu ne te regardes peut-être plus en face depuis longtemps, mais moi je te vois. Tu as les yeux bleus, Aaron, et sans aucun doute le regard de ton père, répondit Saïd.

Aaron baissa lentement la tête et murmura :

– Je crois qu'on nous a menti, Saïd.

– Qui nous a menti ?

– Les hommes de Dieu.

– Tu dis vraiment n'importe quoi, les hommes de Dieu ne peuvent pas mentir puisqu'ils sont là pour porter la vérité.

– Puisque tu es si sûr de toi, alors dis-moi qui a créé l'homme ?

– Dieu, évidemment ! répondit aussitôt Saïd en levant les yeux au ciel.

– Et tu es d'accord aussi que Dieu a créé tous les hommes ?

– Les hommes, les animaux, la mer, la terre, tout, absolument tout. Où veux-tu en venir avec ces questions aussi idiotes que toi ?

– Si Dieu a créé tous les hommes, c'est donc bien lui qui a décidé qu'ils ne seraient pas tous de la même couleur, c'est même lui qui les a inventées, ces couleurs, c'est aussi lui qui a décidé que nous ne parlerions pas tous la même langue, que nous inventerions des choses différentes, que nous ne prierions pas tous de la même façon, que nous l'appellerions par un nom différent…

– Excuse-moi, Aaron, mais je ne vois toujours pas où tu veux en venir.

– Eh bien réfléchis, tout ce que je viens de dire porte un nom, Saïd.

Silence.

– La différence, Saïd, la différence.

– Tu veux dire que c'est Dieu qui a inventé la différence ?

– C'est exactement ce que je viens de dire. Si Dieu a inventé le monde il a aussi inventé la différence. Dieu n'est pas stupide, il ne peut pas demander aux hommes de détruire en son nom ce qu'il a lui-même créé !

– N'empêche, tu m'accorderas qu'il s'est un peu compliqué la vie et la nôtre aussi. Si nous avions tous été identiques, tout serait plus facile.

– Tout serait plus facile mais d'un ennui à mourir.

– Tu ne crois pas que tu exagères un peu ?

– Parce que tu vas me dire que depuis que nous sommes dans cette pièce aux murs uniformes et sans couleur, nous ne nous ennuyons pas ? Tu vas me faire croire qu'en dépit d'un confort plus que relatif tu n'as pas rêvé de sortir d'ici, de retrouver tous les reliefs de ta vie ? Que soif ou pas, chaud ou froid, tu donnerais tout pour aller courir sur nos collines, revoir les rues de nos villes où même la lumière est différente au fil de la journée ?

– Je ne dis pas le contraire, mais en tout cas, je ne m'ennuie plus depuis que nous discutons.

– Et qu'est-ce qui suscite ton intérêt au point de te faire oublier la monotonie de ce lieu, de quoi parlons-nous depuis tout à l'heure, Saïd ?

– De nos différences… avoua Saïd d'un souffle court qui témoignait de sa stupéfaction.

Aaron et Saïd restèrent là à se regarder l'un l'autre, chacun réfléchissait. Aaron traçait un rectangle sur le sol, Saïd une ligne droite.

– Tu crois que si on révélait une telle chose à nos proches on réussirait à changer quelque chose ? demanda Aaron.

– J'en doute, mais ça vaut peut-être la peine d'y réfléchir.

– C'est tout réfléchi, il faut aller leur dire que tous les hommes qui envoient leurs enfants s'entretuer, tous ceux qui disent que mourir au nom d'un Dieu ouvrira les portes de son paradis, sont des menteurs, puisque nous avons trouvé la preuve irréfutable que Dieu n'a jamais voulu une telle chose.

– Personne ne t'écoutera.

– Maintenant que nous connaissons la vérité toi et moi, si nous les laissons faire, c'est nous qui serons coupables au jour du Jugement. C'est Dieu qui a voulu la différence. Saïd, il faut aller leur dire c'est une découverte qui va bouleverser le monde !

– Tu exagères encore, Aaron !

– Ah oui ? Dis-moi quel vaccin pourrait sauver autant de vies que notre découverte. Nous aurons peut-être même un prix Nobel. Ne reste pas immobile comme ça. Mais lève-toi bon sang !

Saïd ne bougeait pas, l'air grave, il regardait la porte.

– Il doit bien y avoir un moyen de sortir d'ici, reprit Aaron en regardant à son tour la porte.

– Elle est ouverte, murmura Saïd.

– Et tu ne m'as rien dit, salopard ?

– Je t'avais dit que je n'avais pas encore pris la décision de partir ou pas d'ici. En revanche, je t'ai promis de t'aider à sortir et je viens de tenir ma promesse. Je ne regrette rien ; si je te l'avais dit tout à l'heure, tu serais parti aussitôt et nous n'aurions pas eu cette conversation. Je n'aurais pas pu te connaître et tu n'aurais eu aucune chance d'avoir ton prix Nobel. Alors remercie-moi au lieu de t'énerver comme ça. La porte est ouverte, tu peux partir maintenant.

– Tu dois venir avec moi, seul je n'y arriverai pas. Pendant que je parlerai aux miens tu devras faire la même chose avec les tiens. Lève-toi, Saïd.

– Tu peux sortir si tu le souhaites, mais je doute que tu puisses aller dire quoi que ce soit à qui que ce soit.

– Et pourquoi ?

– Parce que moi, je n'ai pas perdu la mémoire

comme toi. Enfin, pour être honnête, elle m'est revenue pendant que tu rêvais à ton prix Nobel. Je connais la raison pour laquelle on est ici, Aaron.

– Et cette raison pour laquelle nous sommes ici tous les deux nous interdit d'aller parler à nos frères ?

– D'une certaine façon oui.

– Alors, dis-moi pourquoi, toi qui sais tout !

– Parce que nous sommes morts, Aaron !

– Morts ?

– Oui, nous nous sommes tués l'un l'autre. Je ne pourrais pas te dire à quand cela remonte, j'ai perdu un peu la notion du temps depuis que nous sommes ici. Mais je me souviens très bien de la façon dont ça s'est passé. Je suis entré dans un de vos supermarchés, avec une de ces bombes qui coûtent pas cher à fabriquer attachée à la ceinture. Oh, j'avais bien plus peur que je n'ai voulu te l'avouer tout à l'heure ; toi, tu gardais l'entrée dans ton bel uniforme de soldat, tu as vu la peur qui coulait sur mon front, tu as compris, tu as pris ton arme et tu m'as tiré dessus. Tu te souviens maintenant ?

– Et comment je suis mort, moi ?

– Tu as visé au ventre, imbécile !

Aaron et Saïd restèrent là à se regarder l'un l'autre, chacun cette fois muré dans son silence. Et puis soudain, Aaron se mit à rire, quelques hoquets d'abord et puis un rire plus franc qui envahit la pièce, et l'écho de ce rire-là gagna Saïd. S'ils avaient été encore en vie, l'air leur aurait manqué tant ils riaient tous deux en se tenant le ventre ; et pour la première fois depuis leur enfance, sans ressentir aucune douleur, aucun bien-être non plus.

– Tu te rends compte, dit Aaron, en se redressant. Si nous avions pu leur dire ce que nous savons maintenant.

– Tu te rends compte, répondit Saïd, si nous l'avions découvert avant... Allez, viens, je vois la lumière qui diminue, je pense que nous devons partir d'ici.

Les deux hommes se lèvent et se dirigent vers la porte, elle s'ouvre. Ils font quelques pas dans un long corridor, Saïd regarde Aaron.

– Je suis heureux, Aaron, maintenant tu dis mon prénom à chaque fois que tu me parles.

– J'ai peur, Saïd !

– Toi le soldat, tu as peur ? Pourtant tu n'avais pas peur de mourir, tu l'as gueulé assez fort sur les collines quand on se faisait la guerre.

– Bien sûr que si j'avais la trouille, mais à croire en Dieu, je croyais aussi à une vie... après la vie.

– Eh bien on dirait que tu ne t'es pas trompé !

– Ce que je voulais dire, c'est que je croyais à une vie meilleure que celle que nous avons eue sur la Terre, et si là je me suis trompé, ce sera pour l'éternité !

– Qu'est-ce que tu en sais de l'éternité, Aaron ?

– Rien, mais j'ai peur quand même.

– N'aie plus peur, je crois que je viens d'apercevoir ma grand-mère, ton père ne doit pas être très loin. Fais bonne route, Aaron.

– Toi aussi, Saïd, fais bonne route.

Aaron fit un geste de la main que Saïd lui retourna. Quelques pas plus tard, il se dit qu'il réciterait son prénom au moins une fois chaque jour, pour ne jamais l'oublier, ou peut-être mieux encore, chaque soir avant d'aller se coucher, avant chaque « dodo », et Aaron sourit à cette seule pensée. Et puis, il ressentit une sorte de vide au fond de sa poitrine, presque comme un manque, il se dit alors qu'un prénom ne suffirait pas, il aurait bien aimé le connaître avant, Saïd, peut-être que c'était important de le lui dire, avant qu'ils ne se séparent à jamais. Il se retourna, mais Saïd avait déjà disparu. Aaron haussa les épaules, et son regret s'effaça quelques pas plus tard : après tout c'était idiot, avant, il n'aurait jamais eu le courage de faire un tel aveu, son père ne l'aurait jamais pardonné.

L'aigle

Mathis

La mère de Sonia nous surprend pile au moment où je bataille avec le préservatif. Elle pousse un cri proche d'un coassement et adieu ma belle érection. Les parents qui rentrent dans la chambre des enfants sans frapper, on devrait les fusiller. Mais je comprends son étonnement : j'étais censé aider sa fille face à un épineux problème de Résistance Des Matériaux. Et au lieu de ça, j'exhibais mon anatomie. J'avais proposé à Sonia de bloquer sa putain de porte sans serrure avec une chaise ou n'importe quoi d'autre susceptible de servir de cale, mais elle m'avait tout de suite attaqué avec ses petits seins et sa langue ; impossible de résister.

– Garçon, dit la mère de Sonia d'une voix glaciale, si tu n'es pas descendu dans une minute, je reviens avec un couteau te les couper ! Et toi, ma fille… on va parler.

Elle claque la porte et moins d'une minute plus tard je saute par la fenêtre. Quatre mètres. Je préfère ça plutôt que de devoir m'expliquer avec elle. Je retiens mon souffle le temps de la chute, puis je me réceptionne sur l'herbe, fais un roulé-boulé et me relève aussitôt, heureux de n'avoir rien de cassé. Sonia me lance mon sac. Elle me sourit, elle est d'une beauté à couper le souffle. Je boirais bien encore de sa peau café au lait. On se dévore des yeux quelques secondes, puis on se dit à la semaine prochaine et je cours prendre le premier bus pour le centre-ville. Ensuite, direction la gare.

Dans le hall, un grand type maigre, genre zombi, me demande une cigarette. Il se désintéresse de moi dès que je lui affirme ne pas fumer. Je composte mon billet et monte dans le TER de sept heures. Là, j'ouvre mon bouquin mais je ne sais plus lire ; ma tête déborde de Sonia. Je pense à ses seins, sa bouche et tout le reste. Le train se remplit par vagues et s'ébroue soudain tel un animal. Le signal du départ fait taire tout le monde, les portes se ferment dans un claquement de mâchoires et je m'en vais à reculons. Je déteste le sens de la marche.

Calé au mieux dans mon siège, les yeux mi-clos, je regarde le paysage défiler. Les vibrations du wagon me bercent, l'odeur de Sonia est sur moi et je suis bien. Bêtement heureux.

Une heure plus tard, je descends en même temps qu'une dizaine de personnes aux visages familiers. On est trois à attendre que le train redémarre et nous prenons le raccourci en traversant la voie ferrée sous l'œil blasé du chef de gare, puis en contournant l'usine le long des bacs de décantation grands comme des piscines. Deux corneilles passent au-dessus de nos têtes. L'espace d'un instant, je les envie. J'aimerais pouvoir prendre de la hauteur en quelques coups d'ailes. Cent mètres après l'usine, l'enseigne du bistrot L'Heureux Père semble me faire de l'œil et l'idée d'une partie de flipper me traverse l'esprit. Il est encore tôt, il me reste des thunes… Je me laisse tenter.

J'entre dans le bar et le regrette aussitôt. Accoudé au comptoir, mon vieux et cinq autres épaves se bidonnent et se rincent le gosier. Clovis, assis sur son arrière-train, me lance son regard canin de non-bienvenue.

– Hé, l'intellectuel ! s'écrie mon père entre deux rots. Tu vois ce chien ? Lui, c'est un chef. Un vrai chef !

Il a l'air bien joyeux. C'est louche.

– Salut tout le monde, je dis.

Je reçois quelques borborygmes en guise de réponse. Ils m'ont l'air d'être méchamment torchés. Mon vieux ébouriffe énergiquement les poils du crâne de Clovis qui tire une langue de trois mètres, aux anges d'être la vedette de cette bande de primates.

– Hein que t'es un chef, mon Clovis ? Il les sent, j'vous dis ! Et toi, comment ça va les études ?

– Ça roule, je dis.

Je pose mon sac et je lui serre la main – on ne s'embrasse plus. Clovis lève son cul et vient me renifler. Il commence à grogner et je le pousse du pied.

– Dégage, race de chien.

– Qu'est-ce que j'vous disais ? lance fièrement mon vieux à la bande de chancres qui l'entourent.

Ses yeux sont fiévreux.

– Le gamin revient de la ville, avili par « l'odeur » ! Parce que là-bas, croyez-moi, ça pullule. Et mon Clovis il les sent. Il les sent et il les aime pas !

– Qu'est-ce que tu prends ? me demande le barman.

Je le regarde. J'hésite. Pas longtemps.

– Ben… je crois que je vais prendre l'air, je dis.

Et je sors.

À la maison, je trouve ma mère sur le canapé. Elle tricote tout en regardant une niaiserie à la télé.

– Salut, m'man.

– Bonsoir, mon Alex. Comment va ?

– Tranquille.

Elle pose son ouvrage, se lève et nous nous embrassons. Puis elle fouine dans mon sac pour en extirper mon linge sale.

– Tu as faim ? Tu veux que je te fasse réchauffer quelque chose ?

– Nan, laisse… je me ferai un sandwich tout à l'heure. Dis, j'ai vu papa au troquet. Il avait l'air en forme. Il se passe quoi, avec Clovis ?

Ses épaules s'affaissent. Elle laisse le linge en plan et se rassoit. Je me pose à côté d'elle.

Elle dit :

– Monsieur Carvalo est passé mercredi, tu sais, celui de la cité juste derrière. Je ne l'ai pas fait entrer, je te dis pas la vie que ton père m'aurait faite si je l'avais laissé entrer ! Il m'a dit qu'il avait un travail pour toi et je lui ai promis que tu irais le voir samedi matin. Il allait s'en aller quand ton père est revenu de sa promenade avec Clovis, alors il a tendu sa main pour serrer celle de ton père et ce con de chien lui a mordu la main ! Monsieur Carvalo saignait un peu mais il n'a pas voulu que je le soigne. Et ton père, ce diable d'homme, tu sais ce qu'il a dit ?

Je fais non de la tête.

– Au lieu de s'excuser et d'engueuler Clovis, ton père a dit à ce pauvre monsieur Carvalo que s'il avait contaminé son chien, si son Clovis attrapait une maladie par sa faute, il lui ferait un procès ! Tu te rends compte ? Et depuis il raconte ça à tout le monde, il s'en vante, même. Tu parles d'un exploit. Si tu savais comme j'ai honte…

Je regarde ma mère et c'est une vieille femme que je vois, la tête penchée en avant, le regard prisonnier du motif de sa jupe. Chaque semaine en rentrant de l'internat, j'apprends au moins une nouvelle histoire de ce genre, comme si en mon absence la vie de mes parents n'était qu'une suite d'épisodes plus pourris les uns que les autres.

– Maman, j'suis amoureux.

Elle relève son visage. Son sourire est comme un soleil. Voilà qu'elle se met à rajeunir.

Elle dit :

– C'est bien, je suis contente, mon chéri. Mais pense à tes études d'architecture. Tu n'as pas encore dix-sept ans et le plus important pour toi, ce sont tes études. Elle est jolie ? Comment elle s'appelle ?

– Sonia.

Je souris à mon tour. Je n'ai pas les mots pour rendre justice à la beauté et à l'intelligence de ma douce, alors je ne dis rien de plus et nous restons silencieux un moment. On est bien, là, tous les deux. Nous ne sommes pas si tranquilles, néanmoins. Le retour à la maison de mon père et de son quadrupède plane sur nous comme la promesse d'une indigestion. Je voudrais que mon frère soit là. Avec lui, je me suis toujours senti extrêmement fort. Mais à dix-huit ans, son bac en poche, il s'est engagé dans l'armée et maintenant on ne le voit qu'une fois par an. Généralement à Noël. J'ai vécu son départ comme un abandon, et puis j'ai fini par comprendre pourquoi il était entré dans une famille d'une autre nature.

Les Carvalo habitent dans un bâtiment jumeau du nôtre. J'ai l'impression de sonner chez moi. Mme Carvalo m'ouvre et me fait entrer dans la cuisine. Son mari boit un café tout en lisant le journal. J'évite de regarder sa main bandée.

– Alexandre, dit-il, assieds-toi.

Il m'expose son cas en deux minutes. Le fils d'un de ses cousins vient d'acheter une vieille maison. Il y a des travaux à faire et il lui faudrait un plan de la maison pour l'obtention du permis de construire. Rien de bien compliqué pour moi. C'est le genre de petit boulot que je fais depuis plus d'un an. Mon premier travail avait été de dessiner les plans d'un garage pour un de mes oncles. Je m'en souviendrai toujours. En guise de paiement, il m'avait dit d'aller me faire foutre. J'avais ainsi appris :

a) Que les membres de la famille sont les pires clients qui soient.

b) Qu'il faut toujours parler d'argent avant de faire un travail.

Ensuite, j'ai eu d'autres commandes grâce aux relations de bistrot de mon père. Maintenant, le bouche à oreille fait le reste.

Mon prix convient à Carvalo. Nous nous serrons la main gauche pour sceller notre accord.

– Je suis désolé pour votre main et pour ce que mon père vous a dit.

– Bah ! il fait, accompagnant la parole d'un geste de dédain. Laisse tomber. C'est pas ta faute, les histoires de ton père.

Bien sûr que ce n'est pas ma faute. Il n'empêche, je me sens sali par ses paroles.

Je propose à Carvalo d'aller voir immédiatement la maison. Il dit pas de problème, alors je vais chercher de quoi noter et mesurer et il m'emmène en voiture jusque dans un patelin paumé, à une vingtaine de kilomètres.

Ce n'est pas exactement une maison que le fils de son cousin a achetée, plutôt une ruine. Du plancher de l'étage, il ne reste que quelques poutres et le toit est crevé en plusieurs endroits. Deux types sont en train de le réparer. D'autres font du béton et l'acheminent à la brouette le long d'un chemin de madriers. Je vois même des femmes qui creusent, des enfants qui portent des planches. Carvalo me présente à Tiago, l'heureux propriétaire.

– Alors, c'est toi le dessinateur ?

– C'est moi.

Tiago me broie la main et me fait visiter son squelette de pierres au toit percé. Ici la cuisine, dit-il en faisant de grands gestes avec ses bras. De là jusque-là, le salon, avec une double porte… Je l'écoute tout en prenant des notes. Son énergie et sa bonne humeur sont communicatives. Quelqu'un l'appelle pour porter un linteau. Il s'excuse, il doit y aller et je le rassure, j'ai les informations qu'il me faut. Je griffonne à main levée un plan des murs. Ensuite, assisté de Carvalo, je mesure soigneusement chaque recoin du bâtiment. Ceci fait, je photographie les façades et vérifie une dernière fois qu'il ne me manque aucune mesure.

– Bon, c'est dans la poche, je dis à Carvalo. On peut y aller.

Sur la route du retour, Carvalo m'explique ce que j'ai déjà compris. Il lui faut les plans le plus rapidement possible pour avoir le permis de construire au plus vite. D'autant que Tiago a commencé les travaux, ce qu'en théorie il n'a pas le droit de faire sans permis. Carvalo propose de me payer tout de suite.

– Je ne veux pas être payé, je dis.

– Qu'est-ce que tu dis, Alexandre ?

– C'est très courageux, ce que fait Tiago. J'ai envie

de l'aider. Je ne veux pas être payé. Ce plan, pour moi, c'est rien à faire.

Alors, Carvalo dit :

– Tu veux ma main sur la figure ? Tu crois que j'ai pas les moyens ? J'ai dit à mon cousin, je connais quelqu'un pour le plan de la maison de ton fils. Il habite le quartier, c'est un bon petit. Avec lui il y a pas de problème, tu auras ton permis de construire. Et gratuit. Et tu sais pourquoi ? Parce que c'est moi qui vais le payer. Je sais comme c'est difficile quand on est jeune. C'est mon cadeau pour la maison, tu le diras à Tiago. Et toi, Alexandre, tu veux m'empêcher de faire un cadeau ? Qu'est-ce qui va pas, hein ? C'est à cause que le chien m'a mordu ? C'est pas tes histoires, ça. C'est pas tes affaires. Tes affaires, c'est le plan.

– D'accord, mais vous me payerez samedi prochain, quand je vous donnerai le plan.

– Comme ça, ça va, a dit Carvalo. Comme ça, c'est bien.

Mentalement, j'ai rajouté un petit c à mes principes :

c) Toujours faire payer le client. Question de respect, envers soi-même mais surtout envers le client.

J'ai droit aux aboiements de Clovis une demi-seconde avant que je ne tourne la poignée de la porte d'entrée.

– La ferme ! ordonne mon vieux.

Clovis se tait immédiatement. J'entre et il vient me renifler pour vérifier que je suis bien moi. Puis il s'en retourne s'allonger sur sa couverture, pose sa tête de bâtard sur ses pattes avant et ne me quitte plus des yeux. Mon père tourne les pages de son journal dans un vacarme insupportable.

– C'est vrai, ce que m'a dit ta mère ?

– C'est vrai, quoi ?

– Que tu fais affaire avec les « Portos » ?

– Si maman te l'a dit…

– Tu devrais pas.

Je hausse les épaules puis j'inspecte le frigo. Je prends un yaourt.

Il dit :

– Tu devrais pas. Tu devrais pas mais… tu leur piques de l'oseille et ça, je trouve que c'est fortiche.

Il me fixe du regard et ses yeux brillent comme dans les dessins animés japonais. Puis il replonge dans la lecture de son journal. Pour l'emmerder, je lui dirais bien que je vais bosser gratuitement pour Carvalo. Mais je n'ai pas plus envie de lutter contre lui que d'être son complice.

– Je peux mettre la radio ? je demande.

Il me répond d'un vague signe de main qu'il s'en fiche. C'est l'heure des infos et tout va mal, comme d'habitude. J'ai une envie soudaine de rire mais je m'abstiens.

Je me souviens de mon baptême de l'air pour mes dix ans. Mon père m'avait accompagné dans l'hélicoptère. J'avais eu peur et je lui avais tenu la main pendant tout le vol. Une fois dans les airs, j'avais compris que j'aimais ce type à en crever et je m'étais mis à pleurer tant mon émotion était forte. Tout le monde avait cru que c'était de trouille, ce que j'avais laissé croire.

Aujourd'hui, rien n'a changé.

L'émotion est toujours présente, tapie au bord des yeux. Mais c'est une sensation étrange d'aimer à ce point quelqu'un qui dit et fait des choses qui vous dégoûtent.

Les informations me gavent et j'arrête la radio. Clovis pousse un soupir, puis j'entends les freins du train de onze heures dix qui crissent au loin. À ce signal, soudain, je quitte le sol. Je suis immense et je déploie mes ailes au-dessus de la vallée. J'avale quelques montagnes, puis je plane en cercles et mon ombre danse sur les routes, les jardins, les rivières et les immeubles. Sonia est à la fenêtre. Elle me voit et me fait signe. Je replie un peu mes ailes, me penche de quelques degrés et je fonce en piqué rejoindre ma petite métisse.

Garde du corps

Gisèle Pineau

La première fois que je l'ai vue, Fatou, elle courait sur le boulevard Brune. Elle courait après un bus. Moi, j'étais plantée sur le trottoir, adossée à un arbre. J'attendais Manon. La petite avait eu besoin de passer chez le marchand de journaux avant de rentrer. Et j'ai vu Fatou en train de courir. Je l'ai suivie des yeux parce qu'il n'y avait rien de plus intéressant à regarder. Je sais pas, on a toujours envie de connaître la fin de l'histoire et je voulais juste savoir si elle allait gagner, arriver à l'arrêt à temps, monter dans ce fichu bus. Elle a failli se faire écraser pour attraper son bus. Elle courait, un bras levé en l'air, et faisait des signes désordonnés au chauffeur. Ses longues tresses dorées dansaient sur ses épaules. Elle portait un bandeau jaune et large qui aurait pu passer pour une sorte de couronne princière. Mais elle semblait désespérée. Et les princesses, même celles venues d'Afrique, ne se désespèrent pas à cause d'un bus. Elles ne courent pas dans la rue, cheveux au vent, comme si le bus qui passait était le seul de la journée. Le bus de la dernière chance.

J'ai pensé à Lamine, un de mes potes de la fac. Un Franco-Sénégalais. Une fois, il m'avait parlé des gazelles de Dakar. Il racontait que ces demoiselles arpentaient les rues de la capitale d'un pas traînant qui disait : « J'ai tout mon temps, accostez-moi… Je cherche un Blanc pour voyager en France… » Gazelles des villes aux yeux charbonneux, aux fesses hautes, rondes, ensorcelantes qui vous prennent dans un tournis des sens, jurait Lamine.

Elle courait, Fatou. J'ai oublié Lamine et j'ai revu sur la piste, prête à jaillir des starting-blocks, une fille qu'on avait surnommée la gazelle, aussi. Marie-José Pérec. Une Guadeloupéenne, négresse, bien sûr, qui courait vite en son temps et battait des records du monde et remportait des médailles olympiques à la pelle. Bonne pâte, pas torturée comme ma mère et moi, elle avait accepté qu'on l'appelle La Gazelle, parce qu'elle était noire et pouvait d'emblée être comparée à un animal de la savane africaine et que c'était même un compliment dans la bouche des Blancs. À l'époque, je me souviens, j'étais la digne fille de ma mère. Une graine de révoltée. J'avais treize ans, pas d'amoureux et des milliers de boutons purulents localisés sur le front. Le genre négropolitaine toujours à fleur de peau… Toujours à traquer les effluves racistes et les relents de néocolonialisme dans la cour du lycée, la pub à la télé, le regard de la boulangère.

Avec ma mère, on se chauffait à n'en plus finir avec cette histoire de gazelle. Ma mère, elle était remontée au maximum et je la talonnais de près, sans doute pour mériter son amour. Faut savoir que Dorah, ma mère, est une femme d'engagements et de convictions. Quand elle croit en quelque chose, elle fonce sans regarder ni à gauche ni à droite… Avant ma venue, elle était tombée folle amoureuse de quelques types qui l'avaient entraînée dans une suite d'aventures glauques et de péripéties mystico-idéologiques. À chaque fois elle y croyait. À chaque fois elle tombait de haut. Aujourd'hui, en « politically correct », Dorah peut dire qu'elle a accumulé les expériences : Rasta repentie, Témoin de Jéhova déchue, ex-adepte d'un groupe occulte dénoncé comme secte, indépendantiste radiée du Parti, castriste désabusée, Afro-radicale refroidie, Afro-centriste remerciée, Afro-machin et j'en passe… Quand je suis née, mon père a filé. Et Dorah a juré de ne plus jamais se laisser prendre au bagout d'un mec. Je l'ai pas connu, mon père. Mais dès que j'ai eu l'âge de comprendre, j'ai vu passer les hommes dans la vie de Dorah…

Bref, au temps où La Pérec déployait ses longues jambes sur les pistes du monde entier, Dorah militait au sein d'une association baptisée « Dignité noire ». Le président et fondateur de ladite association était un chabin qui ne mesurait pas plus d'un mètre soixante et qui, à quarante ans passés, n'avait toujours pas fini de muer. Je ne sais pourquoi, il fascinait Dorah. « Dignité noire ! » Elle n'avait que ça à la bouche. « Ah ! Tonya, si ça avait été une Blanche, ils l'auraient jamais traitée de gazelle ! Tu comprends, ils l'auraient déclarée reine des stades, impératrice de la course à pied, princesse aux mollets tendus… Mais Tonya, même en l'an 3000, les Blancs auront toujours en tête la certitude que les Nègres ne sont pas tout à fait des gens à leur hauteur. Dignité noire ! Ils nous voient tels des animaux, Tonya. À courir sur les stades et les terrains de foot, à remuer des reins et à les faire danser et chanter… Et Tina Turner ! Dignité noire ! Tu sais comment ils l'appellent ? La lionne ! La vieille lionne de la soul… N'oublie pas que leurs ancêtres nous ont réduits en esclavage, Tonya… Alors, tu dois te défendre pour gagner le respect… Dignité noire ! Tu dois te battre pour qu'on te considère pas comme un animal, un oiseau des îles, une gazelle d'Afrique, une lionne des Amériques… »

Elle a couru si vite, Fatou, qu'elle a réussi à attraper son bus. Et, sans la connaître, j'étais contente pour elle. Elle avait gagné. Elle avait vaincu l'adversité. Elle avait bravé la fatalité. Oui, en montant dans ce bus, elle avait prouvé que c'était possible. Nous les Blacks, on n'était pas condamnés à rester sur le bord de la route pour l'éternité, à regarder passer les bus, les 4 x 4 et les avions de la bonne fortune. Oui, si on s'en donnait la peine, on pouvait se sauver du marigot désenchanté où l'on nous avait jetés depuis l'aube des temps.

Quand Manon est sortie du magasin, j'étais perdue dans mes pensées. Elle m'a tirée par la manche et m'a demandé pourquoi je souriais. Elle a huit ans, Manon. Je la garde depuis qu'elle est au cours préparatoire. Je la garde tous les mercredis. Le mercredi, c'est le jour de Manon. Le reste de la semaine, c'est la fac. Manon, je l'accompagne à sa leçon de piano et à son cours de danse. Après, si elle veut, je l'emmène au parc Montsouris. Avec son vélo, son ballon, ses rollers ou sa corde à sauter. De retour à l'appartement, je corrige ses devoirs et j'écoute ses histoires. Elle me récite ses leçons et ses poèmes. Et puis, je lui prépare son dîner pendant qu'elle prend son bain. Voilà, c'est notre petite routine du mercredi. Manon, c'est une enfant gâtée. Dans sa chambre, il y a un coffre empli de peluches. Et son armoire ! Pleine à craquer de vêtements neufs… Le père de Manon est architecte et la mère travaille dans une boîte de com… Ils sont à l'aise… Moi, en plus de mes études, je suis obligée de travailler, m'occuper de Manon. Et suivre toutes les instructions du papa et de la maman pour conserver ma place. Un jour, j'ai entendu la mère de Manon dire à une de ses amies que je souriais jamais mais que j'étais fiable et qu'elle pouvait compter sur moi. C'est vrai, je suis pas du genre souriante. De toute façon, je ne suis pas payée pour sourire. Même à Manon, j'ai pas trop envie de lui faire des sourires à tire-larigot. Manon, elle raconte à ses copines que je suis son garde du corps. C'est pour ça que je ne souris jamais. C'est bon pour les nounous de montrer les dents. Les gardes du corps, ce sont des gens capables de vous refroidir d'un seul regard. Des genres de mutants aux sens affûtés qui repèrent les voleurs d'enfants à cent kilomètres à la ronde.

La deuxième fois que je l'ai croisée, Fatou, elle marchait à petits pas comptés. Un pied devant l'autre. Un pied après l'autre. À son bras était accroché le bras d'une très très vieille femme. Une de ces Parisiennes sans âge qui avait dû connaître bien des guerres, bien des modes, bien des gens… Une femme qui avait été belle autrefois dans le regard d'un homme et qui tentait de se tenir droite, luttait à chaque pas pour garder l'équilibre et conserver, malgré tout, une façade honorable. Façade ravalée à la diable. La peau craquelée, les yeux vitreux, les bras secs comme du bois mort, les jambes noueuses cousues de varices violettes, le cheveu rare, permanenté, crêpé à la manière des années 1940. C'était une centenaire sûrement qui ne savait plus rien faire toute seule, même pas se laver. Qui n'avait plus le droit de toucher aux allumettes et de mettre du lait sur le feu… Qu'on obligeait à boire de l'eau, à faire la sieste, à prendre ses médicaments. Et qui, parfois, s'oubliait, faisait pipi dans sa culotte, sans même s'en rendre compte. Et sortir de l'appartement, fermer la porte à clé, descendre les escaliers, traverser la rue, marcher seule jusqu'à la boulangerie, compter sa monnaie, tous ces gestes du quotidien étaient devenus une aventure, avec un A en lettre majuscule. Alors les travailleurs sociaux de la mairie lui avaient envoyé cette fille noire. Une Négresse vraiment noire, à la peau étrangement luisante ; à croire qu'elle ne transpirait pas de la sueur mais de l'huile. Une huile au parfum entêtant.

Elle était entrée dans la vie de Grace par la grande porte, avec le titre d'auxiliaire de vie. Elle s'appelait Fatou, venait du Sénégal. Avant Fatou, Grace n'avait jamais parlé à « quelqu'un de couleur ». Toute une longue vie à croiser des corps et des regards noirs et toujours faire comme s'ils étaient invisibles, transparents, ces gens de couleur. Les ignorer, les traverser du regard. Et du jour au lendemain, se retrouver en tête à tête avec une Fatou et, de surcroît, sous son propre toit.

Grace vivait dans cet appartement depuis soixante ans. Un trois-pièces-cuisine où jamais aucune personne noire n'était entrée, même pas un noir café au lait ou un chocolat des colonies françaises. Et cette Fatou plus noire que noire avait, à l'aise, pris ses quartiers chez Grace. Et elle posait ses mains noires partout, d'autorité. « C'est mon travail, qu'elle disait. Je suis votre auxiliaire de vie. Je dois nettoyer là où c'est sale. Faut me laisser faire, madame Grace. Si y a un contrôle, je veux pas qu'on dise que j'ai pas bien fait mon travail. Je veux pas perdre ma place, madame Grace… »

La première fois qu'elles sont sorties – oh ! pas bien loin –, Fatou lui a pris le bras, naturellement, comme si Grace était sa grand-mère, une ancêtre de son village d'Afrique. Grace n'a pas osé la repousser, lui dire que c'en était assez des familiarités, qu'elles n'avaient pas élevé les cochons ensemble. Grace a gardé la tête baissée, pour éviter le regard des gens. Elle n'y voyait plus très clair mais elle savait qu'elle aurait honte si elle croisait une connaissance, un de ces visages blancs qu'elle voyait depuis soixante ans, une voisine à qui elle n'avait jamais rien dit d'autre que bonjour et bonsoir, une figure qu'elle avait vue se flétrir au fil du temps… Mais, au fur et à mesure, c'est drôle, Grace s'est sentie bien au bras de sa Fatou. Soutenue et portée à la fois comme au bras de ce fringant soldat qu'elle avait tant aimé dans son cœur. Il s'appelait Jean. Jean Brancourt… C'était il y a bien longtemps, à la fin de la Seconde Guerre mondiale. Elle avait quoi ? Vingt ans. Tout un après-midi, elle s'était promenée au bras de ce galant. Tellement fière de cette parade. Ils s'étaient séparés à six heures du soir. Il ne lui avait rien demandé. Elle ne lui avait rien donné. Pas même un baiser. Ils ne s'étaient jamais revus. Il n'avait rien promis mais elle l'avait attendu… Cinq, dix ans, quinze ans peut-être…

C'était étrange de rappeler ce souvenir au bras d'une Négresse. C'était fou ! C'était comme si ses sens se réveillaient d'un coup. Grace avait serré un peu plus contre elle le bras de son auxiliaire de vie. Fatou avait fait de même, se disant qu'elle commençait peut-être à apprivoiser la vieille dame blanche. À cet instant, les deux femmes souriaient, avançant à petits pas sur le trottoir du boulevard Brune. Curieux spectacle que ces deux corps agrippés l'un à l'autre. La vieille Blanche, la jeune Noire. Chacune, silencieuse, souriant à ses pensées secrètes. À un moment, Grace avait fermé les yeux et elle s'était transportée soixante-cinq ans plus tôt. Elle avait vingt ans et son cœur battait à tout rompre. Jean Brancout lui avait pris le bras pour une promenade. Grace aurait pu aller au bout du monde avec cet homme. Elle se voyait même entrer à la mairie avec lui et en ressortir madame Jean Brancourt.

Fatou venait trois heures par jour. De dix heures du matin à une heure de l'après-midi. Voyez comme tout change, au bout d'un mois à peine, Grace s'est mise à l'attendre, sa Fatou. Une heure avant son arrivée, elle piaffait déjà d'impatience et arpentait l'appartement en marmonnant le nom de Fatou. Et le temps était long, tellement long. Alors, elle allumait le poste de télévision pour regarder gesticuler du monde. Elle faisait dix, vingt allers et retours jusqu'à la fenêtre de la cuisine qui donnait sur la cour. Là, elle pouvait apercevoir Fatou. Et à dix heures précises, bien sûr, l'auxiliaire de vie n'était pas encore là, même pas en bas en train de pousser le portail et faire semblant de hâter le pas dans la cour. Grace l'attendait, fébrile, comme elle avait attendu Jean Brancourt. Et Fatou était toujours en retard et ne prenait même pas la peine de s'excuser, ne trouvait même pas ça dramatique d'avoir fait attendre Grace. Elle disait : « Tu sais bien, madame Grace, je vais te rendre tes dix petites minutes-là tantôt… » Et Grace lui en voulait tellement à cause de l'attente qu'elle la houspillait pendant au moins une heure, critiquant sa façon de faire le ménage, lui reprochant sa méconnaissance de la cuisine occidentale, sa nonchalance africaine. Sur les coups de midi, Grace finissait par décolérer. Elle mangeait ce qu'avait préparé Fatou. D'abord du bout des dents, puis en la complimentant. À midi et demi, elle lui demandait une promenade sur le boulevard Brune. « Une toute petite promenade pour dérouiller mes jambes et faire la digestion, Fatou. » Sur le chemin du retour, il était déjà treize heures. Et, au bras de son auxiliaire de vie, Grace traînait les jambes, s'arrêtait dix fois, pour reprendre son souffle, admirer un caniche sur le trottoir ou les gâteaux dans la vitrine du pâtissier. Un jour, elle avait même compté le nombre de nounous, d'aides ménagères et d'auxiliaires de vie croisées entre la porte de Vanves et la porte Didot. Elles étaient facilement reconnaissables. Toutes étaient noires. Toutes poussaient un bébé blanc dans son landau. Toutes marchaient au bras d'une vieille femme blanche qui n'était pas de leur famille. Et cela avait paru incroyable à Grace. Elle avait même demandé à Fatou si c'était nouveau dans le quartier de confier les vieux et les bébés à des gens de couleur. Arrivée dans l'appartement, Grace regardait la pendule qui marquait déjà une heure vingt. Alors, elle disait à Fatou de lui préparer une tisane pour sa thermos. « Ça prendra deux minutes. Tu sais bien que j'ai plus le droit de toucher aux allumettes… » Et pendant que Fatou dansait son impatience devant la gazinière, attendant que l'eau se mette à bouillir, Grace ronchonnait qu'elle allait encore manger froid au dîner. Une soupe froide, une tranche de jambon froid, un yaourt glacé… « Heureusement, j'aurai ma tisane bien chaude dans la thermos. »

La dernière fois que je l'ai vue, Fatou, elle ne courait pas, ne marchait pas à petits pas comptés au bras de la vieille dame, elle était assise sur un banc du boulevard Brune. Elle regardait passer les bus et elle pleurait. C'était un mercredi. J'avais Manon. J'ai dit à la petite d'aller feuilleter des magazines chez le marchand de journaux. Je lui ai dit que j'avais besoin de parler à une amie. Je lui ai dit que ça prendrait pas trop longtemps. J'ai dit tout ça sans un sourire et Manon s'est exécutée.

Je me suis assise à côté de Fatou. Je lui ai tendu un kleenex. Elle l'a pris sans me regarder et elle m'a raconté son histoire. Elle était en colère, Fatou. En colère contre elle-même. Et elle se reprochait de pleurer une vieille qui n'était même pas une parente, même pas sa grand-mère. Une vieille femme blanche à laquelle Fatou avait servi de bâton de vieillesse. Une vieille dame qui était déjà restée trop longtemps sur la Terre à embêter les gens. Une vieille femme sans famille qui l'attendait chaque jour et tentait toujours de la retenir. Je lui ai dit : « Tu t'étais attachée à elle… C'est normal… À force de passer du temps ensemble... » Et pendant que je disais ça, je pensais à une histoire que Dorah m'avait racontée. C'était en Amérique, à l'époque de Malcolm X. Une histoire d'amour entre un homme blanc et une femme noire. Tout le monde les avait condamnés. Les Blancs et les Noirs, d'une même voix. Et Dorah trouvait que c'était bien. Fallait que chacun reste dans son camp...

Fatou s'est levée. Elle s'est mouchée. Elle a dit : « Je peux pas croire que je la reverrai pas. Je l'aimais, tu sais. J'ai pas connu mes grands-mères. Je suis née ici, dans le neuf-trois. Je lui avais dit, à Grace, que je l'emmènerais passer une journée dans ma famille. Elle avait dit que ça lui ferait une grande promenade. Je l'avais prévenue qu'on mangerait du tiébou-dienne. Elle était d'accord. J'ai jamais voyagé, qu'elle a dit... Tu me prendras le bras, hein Fatou ! et on ira au bout du monde... Et elle est morte. Morte dans son lit. » Fatou a reniflé. Elle a dit : « Je vais prendre ce bus. Merci pour le mouchoir. » Et elle m'a souri en montant dans le bus. Je lui ai rendu son sourire. Je crois que j'avais encore ce sourire quand Manon s'est pointée à côté de moi. Elle a dit : « Tonya, t'es tellement belle quand tu souris. » Elle m'a pris la main et on est rentrées, main dans la main, sourire aux lèvres. Et sur le boulevard Brune, j'ai compté les nounous, les auxiliaires de vie et les aides ménagères qu'on croisait, toutes les Négresses qui veillaient mieux que des gardes du corps des bébés blancs, des vieillards blancs.

Les jours suivants

Marie-Sabine Roger

Dans la cité il y a eu le jour d'avant, le jour d'après.

Le jour d'avant, personne n'avait d'ennemis. On parlait à son voisin, ou pas, question de hasard ou de choix. Mais on ne se détestait pas.

La cité était une fourmilière de gens d'origines diverses, et la diversité ne dérangeait personne. Bleu du ciel et vert des pelouses, notre univers est en couleur.

Le jour d'avant, c'était comme ça.

Le jour d'après, la haine avait semé dans un sillon fertile, ce terreau de bêtise et de ressentiment dans lequel les humains croient trouver leurs racines.

Des clans s'étaient formés.

Entre ces deux jours-là, un adolescent avait été tué et un autre arrêté pour ce crime. On les connaissait bien. Ils avaient grandi côte à côte. L'un s'appelait Kader, et l'autre Jacinto.

Leurs grands-pères jouaient aux échecs ensemble pendant des heures, assis sur un des bancs qui sont en bas des tours. On les avait toujours vus là, ils faisaient partie du décor.

Depuis, la rage flambe, incendie les voitures, brise les vitres, tague les murs de noirs slogans. Arabes et Gitans sont devenus des ennemis jurés.

Le clan du mort réclame la justice immédiate, la vengeance, le sang de l'autre.

Le clan de l'assassin réplique qu'il n'y a pas de drame sans raison, qu'il a sûrement fait suite à des provocations.

Ceux qui ne sont ni d'un bord ni de l'autre prennent parti, attisent la colère au lieu de la calmer. Chacun détient la vérité. Celui qui crie le plus fort a raison.

Tout le monde parle en même temps, personne n'écoute personne.

Les deux grands-pères ne se voient plus. Le banc reste inoccupé.

Et, plus que tout le reste, ce vide est effrayant.

Le feu grandit, il étend son ravage. C'est Mihaï qui est agressé. C'est Fatima qu'on vitriole.

La douleur fait entendre sa voix, la tragédie se répercute, pousse au loin ses ondes de colère et de brutalité. Jusqu'aux plus petits qui se crachent au visage, jouent à la guerre pour de vrai. Sara est blessée d'une pierre. Abdelakim a la jambe cassée.

Les parents s'insultent, les enfants se menacent, la violence s'accroît d'heure en heure.

On en parle aux infos. Paradoxalement, cette célébrité pousse vers d'autres crimes.

Un pas de plus. Un pas encore. Le sang versé appelle un autre sang. Le viol, un autre viol.

On se déplace en groupe, ou on se barricade. Les milices se forment. Quelques-uns se croient investis de mission, se prennent pour des justiciers. Les shérifs de banlieue sont lâchés.

Dans les appartements, certains graissent leurs armes, s'imaginent déjà un destin de sniper. D'autres ont peur, simplement. Mais la peur, c'est horrible.

Ces gens qui, hier encore, se saluaient poliment en allant au travail, voilà qu'ils se suspectent, qu'ils se défient les uns des autres, sursautent au moindre mouvement.

Les parents de Kader ont épuisé leurs larmes. Quand on perd un enfant, on reste mort vivant.

Les parents de Jacinto, fous d'angoisse, imaginent leur fils derrière les barreaux pour vingt ans. Une vie entière brisée, fauchée net par ce geste impardonnable, qu'ils ne peuvent pas s'expliquer. Jacinto était un très gentil garçon.

Les parents de Fatima se relaient à l'hôpital, et pleurent chaque soir le rire de leur fille, à jamais effacé par ce masque figé que laisse la brûlure.

Et ceux de Mihaï tremblent, lorsqu'il parle de se venger.

Au-delà d'un drame familial, c'est autre chose qui se joue. Une histoire de territoire, de frontières, d'intolérance. Chacun se croit chez lui dans la cité. Chacun est l'étranger de l'autre. Celui qui est en trop, ici. Qu'il faut chasser.

Et puis un soir, quelqu'un frappe à la porte, chez les grands-parents de Jacinto.

Le grand-père, Zoran, va ouvrir. Sur le seuil, devant lui, appuyé sur sa canne, se tient Abdu.

C'est le grand-père de Kader.

Le premier réflexe du grand-père de Jacinto, c'est de mettre le vieil Arabe à la porte.

Mais Zoran est un homme intelligent. Il sait que l'on ne peut revenir en arrière.

L'eau répandue ne revient pas au verre.

Derrière lui, Bisha, la grand-mère de Jacinto, s'est rapprochée, elle aussi.

Dans ses yeux il n'y a plus que le sel de ses larmes. Mais elle salue Abdu, lui dit :

– Tu veux entrer ?

Abdu la remercie.

Il s'assied à la table. Il ne dit rien. Il regarde, sans insister, le décor tout autour de lui, qui ressemble tant à son appartement. Mêmes tapis, ou presque.

Même vaisselle, ou presque. Mêmes photos d'enfants et de petits-enfants.

Bisha vient poser un plateau sur la table. Elle sert le café, et les petits gâteaux. Abdu se tait. Zoran ne dit rien, lui non plus. Le temps n'est pas aux bavardages.

Abdu boit son café à petites gorgées. La pâte feuilletée croustille entre ses dents, et le sirop de miel lui fait briller les lèvres.

Enfin, il dit :

– Tes gâteaux sont délicieux, Bisha. Est-ce que tu sais pourquoi ?

La grand-mère de Jacinto attend.

À chaque question, sa réponse.

Abdu reprend :

– Ils sont délicieux parce que tu as mis de la farine, du sucre, des œufs, du sirop, de l'huile. Et sans doute autre chose, non ? Pour qu'ils soient aussi réussis, tu dois avoir tes secrets…

Malgré elle, la grand-mère de Jacinto esquisse un pâle sourire.

Le vieil Abdu continue :

– Tu as mélangé des choses différentes, qui ne sont pas de la même famille. Et le résultat, regarde : je m'en lèche les doigts, et je te remercie. Qu'est-ce que tu aurais fait de bon, si tu n'avais eu que de la farine, dans ton placard ? Ou bien du sucre ? Que serait le gâteau de la vie, s'il n'avait qu'un seul ingrédient ?

Le grand père de Jacinto soupire, et va à la fenêtre. Dehors, une voiture brûle, encore. Pas très loin, on entend des cris, il doit y avoir une bagarre. Mort aux Gitans. Mort aux Arabes.

Mort à la vie.

Ça suffit.

Zoran se tourne vers Abdu, et dit :

– Je crois qu'il fera beau, demain. Une partie d'échecs, ça te tente ?

Après les jours d'après, viendront les jours suivants.

Des jours peut-être différents, si les enfants de la cité, couleurs et rires mélangés, s'amusent de nouveau ensemble, dérangeant de leurs cris aigus ces deux grands-pères aux cheveux blancs qui jouent aux échecs, sur un banc.

Sous le viaduc

Leïla Sebbar

Elle est assise sur le banc vert.

C'est son banc, sous le viaduc. On le sait. Le jeune homme frisé, elle le voit depuis des mois, il monte et descend le chemin goudronné, c'est récent, entre les graviers où se garaient les voitures du quartier, le 13e arrondissement, qu'on appelait « le faubourg souffrant », il marche et il parle ou il chante « Aïcha, Aïcha, écoute-moi... Reine de Saba... ». C'est pas un Arabe, mais il chante toujours *Aïcha*, il a une bouteille de rosé à la main, à moitié pleine, je ne l'ai jamais vue vide. Ce jeune homme qu'elle croise souvent, l'été il porte une veste de mouton, s'il vient de Marseille, il a froid à Paris, c'est peut-être pour ça. Elle l'a vu avec une casquette américaine la visière sur le cou, hier, il portait une gourmette en argent, il la regardait, l'air content, assis sur son banc à lui, un banc vert, près de l'abribus, le même que le sien, deux planches de bois, des pieds en fonte, solides, on les a repeints en même temps que les piliers du viaduc, des travaux pendant des mois et des mois, les ouvriers avaient tendu des bâches blanches sous le métro, des draps géants qui se gonflaient avec le vent, il n'y a pas eu de tempête, elle a attendu longtemps avant de retrouver son banc et là elle a pu contempler les toiles que des artistes avaient accrochées sous le viaduc, c'était bizarre ces couleurs et ces formes qui se balançaient comme les draps quelque temps avant. Le garçon frisé est seul, elle aussi. Il ne parle à personne, personne ne lui parle, elle non plus.

Depuis le banc vert elle voit, soit le fleuriste, ses arbres en pots, palmiers, buis géants, lauriers-roses et lauriers-sauce, lilas quand c'est la saison, oliviers… soit la façade du journal *Le Monde*, des mots écrits sur cinq étages. Elle les lit sans les regarder : *Babel Civilisation Feuilles Idées Verbes Langues confuses Nuit profonde…* Elle n'a jamais dépassé la rue de la Colonie.

Elle peut rester là longtemps, entre jardin et journal, sous le viaduc. Parfois, elle marche jusqu'au kiosque, les vieux jouent aux boules, tout près. La place d'Italie n'est pas loin. Elle s'arrête devant le monument aux morts du 13e. À droite, sur la stèle, elle lit :

1946-1954 – GUERRE D'INDOCHINE
1952-1962 – GUERRE D'ALGÉRIE
COMBATS DE TUNISIE ET DU MAROC
THÉÂTRE D'OPÉRATIONS EXTÉRIEURES
MISSIONS EXTÉRIEURES

Elle en a vu passer des nounous pour les enfants et pour les vieux, les vieilles, sous ce viaduc. Africaines, Antillaises, Arabes, Africaines surtout. Presque toujours des enfants blonds, un, deux, trois, des vieux, des vieilles fragiles et pâles. Elle aurait pu demander une Dada africaine, mais elle n'a pas de maison, la cuisine, le ménage, la toilette, il faut une maison et elle… Si elle regarde en diagonale, elle aperçoit le Havane Café, il a remplacé le Havane, un bar-tabac où elle a joué sans gagner, le Chinois lui a porté malheur, elle en est persuadée, elle ne l'aimait pas, il la maltraitait, une vieille sans argent.

Là-bas, en Afrique, sa mère a travaillé, serveuse dans un café, le Café de France, un pauvre café pour les pauvres et elle, petite fille derrière le bar. Le patron l'acceptait, un Lorrain, africain de père en fils, un toubab africain, dans la salle un portrait sous verre de Lyautey. Le patron bavarde avec les clients. « Je sais c'est le Maroc, et Madagascar, le Maréchal, pas l'Afrique sous le Sahara, je sais, mais il est de chez moi ce type-là, de Nancy, chez moi je fais ce que je veux et celui qui n'aime pas ce grand homme… moi je l'admire, j'ai lu tout ce qu'on a écrit sur lui et ses livres je les ai tous lus, quand je vais en France je cherche ses bouquins chez les spécialistes, dans les brocantes on en trouve encore. J'achète, ça devient cher mais j'achète et je demande à mon frère de Nancy de pas hésiter, il m'envoie la facture avec les livres, c'est comme ça que j'ai une bibliothèque personnelle que je montre aux amateurs seulement, les autres ils savent pas qui c'est Lyautey et les vieux tirailleurs ils disparaissent l'un après l'autre, les derniers, je leur offre à boire, ils passent la journée dans ma maison, le Café de France et ils bavardent, ils jouent aux dominos, aux cartes, ils racontent leurs guerres, personne ne les écoute, ils disent que la solde qu'ils reçoivent c'est quelques billets fantômes, que c'est injuste, ils ont fait les mêmes guerres et ils ne touchent pas les mêmes soldes que les "métros", qui les écoute ? Les jeunes s'en foutent de l'histoire, des vieilles histoires, ils aiment les armes et l'argent, des garçons tout jeunes, enrôlés comme on a enrôlé les ancêtres, de l'autre côté de la presqu'île Afrique, loin très loin dans les boues froides. Eux, les jeunes, ils ne quittent pas le pays natal, ils se battent chez eux, contre les frères et les cousins, à la régulière ou en rebelles, ça revient au même, guerre civile et tout ce qui s'ensuit… Et les agents recruteurs, des nouveaux négriers, ceux-là. Ils achètent des garçons, ils deviendront des champions de foot… On les retrouve clandestins en Europe ou domestiques… » Le patron lui a donné une vieille poupée, très vieille, une poupée française que sa fille a abandonnée lorsqu'elle est partie à la première émeute, lui il en a vécu combien des émeutes, il est habitué, sa femme, ça la rendait malade, sa fille aussi, elles sont en Lorraine dans la maison qu'il a fait construire sous les ordres de son frère, pas pour lui, il n'ira pas vivre en Lorraine, même vieux il n'est pas encore vieux, il mourra dans ce pays, son pays, il l'aime, c'est comme ça, il aime les femmes de ce pays, sa femme c'est fini depuis longtemps, il divorce pas, c'est pas la peine, il a une femme du pays, jeune, plus jeune que sa femme, Fatou, presque l'âge de sa fille aujourd'hui, elle vit dans sa maison, elle ne travaille pas avec lui dans le café, trop de pouilleux de l'autre côté du bar, elle est douce et docile, plus efficace que sa femme pour le travail de la maison, meilleure cuisinière, meilleure au lit, c'est sûr, il aura des enfants avec elle, un garçon, une fille, il a décidé. Comme serveuse, il a trouvé une Française de Levallois-Perret, fille-mère avec un enfant, travailleuse, pas jolie mais blonde, une vraie blonde, ça plaît par ici. Il a appris qu'elle a suivi un légionnaire, il faut être sans cervelle pour suivre un légionnaire en Afrique, elle l'aimait comme une folle, c'est ce qu'elle a dit et lui ? Il l'a avertie, il ne voulait pas d'enfants. Sous sa main, le ventre rond, il a compris. Elle ne l'a plus jamais revu. La petite fille derrière le bar, Rosine, c'est elle qui s'amuse avec la poupée Violette, elle l'a appelée Violette à cause de ses yeux violets, ils sont bleus mais elle dit qu'ils sont violets. Il l'a mise à l'école chez les bonnes sœurs. Elle apprendrait à lire, écrire, coudre, broder, cuisiner, tout ce qu'une femme doit savoir. Il a aidé sa mère à payer. La petite était studieuse, les sœurs ont fait des compliments à la mère de Rosine, fière d'une bâtarde intelligente et bonne à l'école. Il ne voulait pas que l'enfant soit élevée dans un bar populaire, trop d'ivrognes et de pauvres hommes, trop de femmes à la dérive, il a tenté de les secourir, mais qui l'écoutait ? Ils pouvaient lui parler à défaut de le payer régulièrement. Le soir derrière le comptoir, assise aux pieds de sa mère, Rosine récitait ses leçons avec Violette. Elles s'entendaient bien. Rosine ne l'a jamais battue. La petite fille a grandi. Depuis le comptoir, elle pouvait voir la salle, écouter les conversations des clients avec le patron et sa mère, des clients avec les clients.

Lorsque la vieille femme sur son banc vert regarde les nounous, les dadas et les mamas, elle se dit qu'elle a peut-être joué avec leurs mères ou leurs tantes dans la cour de l'école de la Mission. Ce qu'elle entendait dans la salle du Café de France l'intriguait. De la maison de sa mère, non loin du café, à l'école des sœurs, elle ne voyait rien du monde, pas de télé à la maison ni chez les sœurs. Elle écoutait. Ce qu'elle a retenu, elle a pu le vérifier plus tard en Afrique et dans le pays de sa mère. Les enfants, filles et garçons, certains orphelins, que des hommes et des femmes employaient comme bonnes à tout faire dans les minuscules cuisines des gargotes et des restaurants, dans les maisons de la ville et d'autres maisons, on baissait la voix pour en parler, dans ces maisons, on les traitait comme des esclaves, elle a lu des livres sur l'esclavage, ces enfants n'étaient pas des esclaves, des Blancs ne les enlevaient pas à leur famille, ils ne les achetaient pas à des chefs africains dont ils étaient les prisonniers, pourquoi parlait-on d'esclaves ? Et ces maisons, elle n'a jamais réussi à saisir le mot qui accompagnait « maisons » chuchoté, les enfants étaient malheureux là-dedans ? On les frappait, on leur faisait du mal ? On les enfermait et ils ne pouvaient pas sortir ? Elle a su, bien des années après, elle a su et que pouvait-elle faire, que des enfants, garçons et filles, étaient séquestrés pour les services du sexe local et touristique, pères et mères proxénètes, on parle de la misère grande pourvoyeuse d'enfants pour les bordels pas seulement sur ce continent, alors tous les parents pauvres prostituent leurs fils et leurs filles, ils font semblant, tous, de croire que les enfants à la ville vont à l'école et qu'ils trouveront un travail honorable pour élever les derniers petits ? Si elle n'avait pas quitté le pays elle aurait empêché avec d'autres ces trafics, jusque dans les camps de réfugiés… Elle pense à ces Chinoises clandestines. Elles attendent le pauvre des pauvres, arabe, turc ou roumain, quelques minutes sur un matelas pouilleux pour payer un passeur escroc, une « tête de serpent » comme on les appelle.

Sous le viaduc marchent à petits pas des vieilles accrochées aux jeunes bras des Africaines. Elle entend les accents comme si elle guettait la voix, les mots, le menton à hauteur de comptoir. Les accents racontent l'emploi du temps de la journée aux femmes blanches qui s'inquiètent de l'heure, de la promenade, du déjeuner à midi juste, du mauvais temps qui guette, est-ce qu'elle a pensé au parapluie, on arrive bientôt à la maison ? Et les enfants, le fils, la fille qui ne téléphonent pas, il faudra les appeler, ne pas oublier… Les jeunes femmes attentives se penchent vers les vieilles à leur bras, elles parlent doucement, la bouche près de l'oreille déficiente, il lui est arrivé de se déplacer légèrement pour que la vieille et la jeune s'assoient un moment au soleil. Elle prête son banc, la jeune Africaine la remercie, la vieille non, elle ne l'a pas vue, ses yeux voient, mais ils ne voient pas l'autre vieille sur le banc, elle, Rosine.

Elle avait entendu raconter des histoires qu'elle ne croyait pas. Ces jeunes filles confiées aux familles riches, souvent des diplomates, cousins, cousines, on avait confiance, arrivées en terre inconnue, elles étaient séquestrées dans la maison, passeport confisqué, pas d'argent, travail et coups jusqu'à la mi-nuit, chambre-placard, à qui parler ? À qui se plaindre ? Et si elles ne réussissaient pas à s'enfuir… on avait un jour retrouvé une jeune Africaine, abandonnée à la rue, hébétée, affamée. Recueillie par ceux qu'on appelle les « Bleus », ils sillonnent la ville la nuit à la recherche des sans-toit, placée dans un foyer, elle avait parlé. Elle n'était pas la seule. Philippines, Malgaches, Marocaines chez les cousins cousines généreux, battues. Parfois violées… À la fin, elle ne doutait plus. Sur son banc vert, Rosine pense que les jeunes nounous des vieilles ne seront pas maltraitées comme leurs sœurs, elle se demande, ricanant pour elle-même, si ces nounous-là qui ont l'air d'être gentilles ne brusquent pas leurs vieilles, les frapper non, mais les bousculer, les secouer comme on secoue des enfants capricieux pas pour faire mal, pour qu'ils obéissent, ou dire des mots qu'elles n'entendent pas, des injures, elle se demande en regardant la vieille d'à côté, elle n'aurait pas la patience, c'est sûr. Et les nounous des petits Blancs, elle les voit passer et repasser comme si elles se promenaient dans un parc. Elles se rencontrent, bavardent, les enfants les écoutent, un jour ils iront en Afrique, la langue dans la tête et les tout petits ne se consoleront pas d'avoir grandi, drapés dans le dos, chaloupés doucement, la sueur sucrée du boubou, les gestes souples du travail de la maison, la voix qui chantonne, l'enfant s'endort, il préfère les reins vivants et chauds au matelas du lit d'enfant, il attend chaque jour les mains brusques et caressantes qui massent le petit corps pour l'affermir, il sera invulnérable, c'est ce que pensait la jeune femme africaine du patron du Café de France, il a eu trois fils. Avec eux, les enfants du quartier et ceux de la Mission, elle a appris la langue du pays, elle a vu Fatou avec ses petits, est-ce que sa mère l'a aimée ? Elle pense… elle ne veut pas penser. Quand elle passe la journée avec Fatou et les garçons, elle pense que non. Elle sait bien que les mères africaines ne ressemblent pas toutes à Fatou, des mères battent leurs enfants, des mères les abandonnent à la rue, qui ne sait pas cela, la misère, oui, pas seulement. Elle a entendu parler de ces femmes, des mamas, elles ont un jour été des mères ? qui ne vivent plus au pays. Elles sont parties, peut-être pour rejoindre un mari, des enfants grandis dans une pauvre chambre avec la coépouse ?

Dans le nouveau pays, les mamas ont tout quitté, mari, enfants, coépouses, disparues, un mois, deux mois, pas de nouvelles, disparues. On ne les a plus cherchées. Ce qu'elles faisaient ? Elles promettent le travail, les papiers, la maison, le fiancé ou le mari presque, pas de dévergondage, la tradition respectée, ces mamas sont l'honneur de la tribu, le réseau existe, il est efficace, la solidarité africaine n'est pas une légende, et pas d'histoires, de combines, tout se passe comme prévu. À peine arrivées, les filles, elles sont jeunes, si possible vierges, mais comment vérifier, sont averties. Elles travailleront pour rembourser le billet du voyage, le coût des papiers, les frais de séjour, la chambre d'hôtel, les mamas surveillent et protègent, grandes et bonnes mamas, infatigables, elles n'aiment pas les paresseuses. Celles qui refusent de travailler, pour leur bien, seront renvoyées au pays, elles ne reviendront pas, accompagnées par la rumeur de Satan, qui voudra les croire ? Et si elles étaient de retour, les mamas se chargeraient d'elles, elles savent ce qu'il faut faire, on leur obéit parce qu'on les redoute, elles ont à leur service des hommes de main, des amis, des amis chers. Une chambre d'hôtel confortable, un hôtel propre et discret tenu par un frère ou un cousin honnêtes, les filles travailleraient en toute sécurité, pas besoin de menaces comme pour les filles de l'Est, indisciplinées et sournoises, certaines travaillent avec la police, les filles des mamas sont belles, saines, dociles et fidèles, les mamas ne les volent pas, elles reçoivent leur part, elles ne se plaignent pas. Heureuses, les filles des mamas. Version mamas. Version filles ? On ne les entend pas, elles ne parlent pas et elle, Rosine, est trop vieille aujourd'hui pour aller dans ces quartiers, ces cités et ces immeubles que les mamas occupent en toute légalité, et puis elle ne verrait peut-être rien, n'apprendrait rien, les filles seraient toujours muettes et dans les cafés on ne veut pas d'histoires avec les mamas, mères et maquerelles, non, pas d'histoires, Rosine n'a plus l'énergie depuis qu'elle vit sans maison. Elle ne racontera pas pourquoi la rue est son pays. Elle les connaît tous, les centres d'hébergement, les plus nombreux sont dans le 13e arrondissement, une tradition paraît-il. Elle a son lit, sa place à la table commune, le coiffeur quand elle en a besoin. Elle rencontre parfois, mais elles ne se parlent pas, une femme étrange, belle, des vêtements de riche, sombres, quarante ans peut-être, soignée, maquillée, un peu trop à son avis, elle ne s'est jamais maquillée, la femme fume tout le temps, ses grands yeux noirs ne la voient pas. Elle l'a aperçue dans le quartier, assise sur son gros sac près de la boutique de l'apiculteur à la Butte-aux-Cailles, ça lui arrive de marcher jusque-là, elle coupe par le petit jardin au figuier, elle aime bien vers le printemps quitter son banc, pas longtemps, et elle se promène. Elle s'arrête devant l'enfant de pierre, il ressemble à Rémi de *Sans famille*, un livre qu'elle a lu à l'école de la Mission. C'est un jeune garçon en habit d'un autre siècle, allongé au pied du socle surmonté d'un buste. Elle lit :

À Ernest Rousselle
Président du Conseil municipal de Paris
du Conseil général
de la commission des enfants assistés et moralement abandonnés
1836-1896

Au-dessous de l'enfant en belles lettres inclinées : *Abandonné !*

La femme est seule, toujours, et elle fume assise sur les marches du Monoprix, au bout du mail de Bièvre, un square avec un carré potager réservé aux enfants des écoles. Peut-être un peu folle, pas dangereuse comme l'autre qui crie tout le temps, une jeune, petite et sale, elle grattait ses seins nus, des boutons partout, elle dort avec un garçon au visage violet sur la grille chaude du métro, pas loin de mon banc et ils laissent des détritus autour d'eux, canettes de bière, nourriture, vêtements crasseux, quand j'aperçois une troupe de pigeons, je sais qu'ils sont passés. Les jeunes filles de la voirie, je les vois presque tous les jours, la Blanche et la Noire remplissent leur roule-sacs verts, elles parlent en piquant les objets avec leur pince et elles rient. Elles sont jolies, j'aime quand elles passent du côté de mon banc. Elles me disent bonjour, je réponds, c'est tout, je ne veux pas parler avec elles. Elles protestent à cause des merdes de chiens dans le gravier, elles disent que si elles pouvaient verbaliser, mais elles, c'est la voirie, pas les amendes, dommage. « Tu les a vus avec leurs chiens qui se reniflent le cul et eux les maîtres, hommes et femmes, comme si c'était leurs culs qu'ils se reniflaient… Tu as remarqué ? Regarde ceux qui se sont arrêtés là en face du Havane Café, la patronne est sympa c'est une rouquine, enfin elle a des cheveux roux, son fils est mignon, tu trouves pas ? Il sert de temps en temps. Les chiens se reniflent, les maîtres aussi… » Je regarde, elle a raison.

En Afrique, on n'aime pas les chiens, c'est comme aux Antilles. À cause de l'esclavage ? Les chiens à la poursuite des Nègres marrons qui s'enfuyaient vers les bois. Dans les rues, d'autres merdes, mais pas des merdes de chiens. Fatou m'aimait bien. Le jour où je suis partie, elle a pleuré, ma mère non. Pourquoi je suis partie ? Je peux le dire. Un jour, j'ai surpris ma mère avec le patron. Fatou ne savait pas. Ça durait depuis combien de temps ? L'année du BEPC, je ne l'ai pas passé, j'ai quitté la maison, la Mission et le café avant la date de l'examen. Je n'ai rien dit à ma mère, je ne lui ai pas parlé des regards du patron et de ses gestes quand elle n'était pas là. J'ai compris que si je restais… J'ai embrassé Fatou et ses fils, j'ai dit à ma mère « Je pars ». Je n'ai pas répondu à ses questions, j'ai senti qu'elle ne s'y opposerait pas même si j'étais mineure, elle m'a donné de l'argent, une adresse en ville, la famille de Fatou, une adresse à Levallois-Perret, elle a dit « Écris-nous » pas « Écris-moi ». Je n'ai pas écrit. J'ai pensé à Fatou, je ne lui ai pas écrit mais j'ai pensé à elle souvent, ça m'a aidée. Ses larmes douces et ses baisers, j'y pense encore, si vieille, et Fatou plus vieille que moi aujourd'hui, c'est la jeune Fatou qui me massait, enfant, comme elle a massé ses fils petits. Je pense à Fatou et je peux vivre.

Avec la clé de fontaine, la jeune Africaine libère l'eau municipale. La vieille se penche vers la rigole, mouille son peigne à l'eau claire et se coiffe avec application.

Le mouvement

« Nous, femmes vivant dans les quartiers de banlieues,
issues de toutes origines, croyantes ou non,
lançons cet appel pour nos droits à la liberté et à l'émancipation.

Oppressées socialement par une société qui nous enferme
dans les ghettos où s'accumulent misère et exclusion.

Étouffées par le machisme des hommes de nos quartiers
qui au nom d'une "tradition" nient nos droits les plus élémentaires.

Nous refusons d'être contraintes au faux choix,
d'être soumises au carcan des traditions
ou de vendre notre corps à la société marchande.

Assez de silence, dans les débats publics,
sur les violences, la précarité, les discriminations.

Il y a urgence et nous avons décidé d'agir.
Pour nous, la lutte contre le racisme, l'exclusion
et celle pour notre liberté et notre émancipation
sont un seul et même combat. »

« Ni putes ni soumises ! » Souvenez-vous, il y a quatre ans maintenant, nous lancions ce cri au visage de notre société tout entière. Il était urgent de faire réagir l'opinion et les pouvoirs publics face à la dégradation du statut des femmes et des filles. Nous exigions que soient menées des politiques qui visent à rétablir la mixité sous toutes ses formes (de genre, d'origine et sociale). Et, pour ne plus raser les murs, nous avions entamé une marche en 2003 dans 23 villes de France. Nous sommes partis de Vitry-sur-Seine, là où Sohanne, 19 ans, avait été brûlée vive pour avoir refusé les avances d'un garçon. Nous avons ainsi libéré la parole et brisé la loi du silence pour qu'aujourd'hui plus personne ne puisse dire : « On ne savait pas ! » Le 8 mars 2003, nous étions plus de 30 000 dans les rues de Paris, lors de la Journée internationale de la femme. Black, Blancs, Beurs, filles et garçons, jeunes ou moins jeunes, tous unis pour la mixité et le respect.

Après l'interpellation est venu le temps de la construction…

En 2004, alors que la France débattait avec passion de la laïcité, nous avons effectué un tour de France républicain. Chaque soir près de 1 000 personnes dans 20 villes-étapes sont venues débattre avec Fadéla Amara de la nécessité de lutter contre les discriminations et les violences faites aux femmes. De la nécessité, aussi, de défendre la laïcité, le seul modèle qui nous permette de vivre ensemble, quelles que soient nos origines, nos opinions, nos croyances ou nos philosophies.

En 2005 nous lancions l'appel pour un nouveau combat féministe, soutenu par plus de 100 associations de terrain, par des personnalités et des milliers d'anonymes. Dans cet appel, nous rappelions la nécessité de construire un féminisme basé sur l'égalité, la mixité et la laïcité.

La même année nous éditions le *Guide d'éducation au respect*, « pour que les filles et les garçons apprennent à vivre ensemble dans le respect »

Que de chemin parcouru depuis 2003 !

Ni putes ni soumises a inauguré le 8 mars 2006, en présence notamment du président de la République et de nombreux acteurs de terrain, la Maison de la Mixité dans un quartier populaire de Paris, le XXe arrondissement. Depuis, la Maison de la Mixité est une plateforme au service de celles et ceux qui œuvrent au « vivre ensemble ». Elle accueille des initiatives et conférences importantes pour échanger et agir en faveur de l'égalité, du respect et de la mixité. Afin de sensibiliser un public de plus en plus jeune à utiliser les nouvelles technologies au service de la démocratie, nous avons créé, au sein de la maison de la mixité, des ateliers vidéo une télé sur Internet : www.mixite.tv. Nous travaillons aussi à la création, sous l'égide de la grande militante féministe Nawal A Saadawi notamment, d'une grande chaîne de télévision satellitaire consacrée à la cause et aux droits des femmes.

Sollicités par des jeunes filles et femmes en rupture familiale, nous sommes épaulés bénévolement par des avocats et des psychologues qui sont en mesure d'intervenir en urgence.

Doté du statut consultatif auprès de l'ONU, le mouvement « Ni putes ni soumises », présidé par Fadéla Amara, s'est constitué de 65 comités locaux à travers la France. En Belgique, Italie, Espagne, Suède, au Maroc, au Proche-Orient, aux États-Unis, des citoyens ont eux aussi créé des comités « Ni putes ni soumises ». Illustration de la reconnaissance de ce combat au niveau international, Fadéla Amara a été faite docteur *honoris causa* de l'université libre de Bruxelles (ULB) et de l'université de Manchester (Grande-Bretagne).

Nous considérons que notre combat doit se porter hors de nos frontières partout où les femmes sont en danger, partout où les intégrismes et les sociétés patriarcales font peser sur leurs épaules une chape de plomb. Par ce nouveau combat féministe, que nous appelons aussi « altermondialisme féministe », nous voulons renforcer le réseau de solidarité pour que les femmes du monde entier puissent choisir leur mode de vie, quelle que soit leur origine : « Égalité, Mixité, Laïcité », telle est notre devise ! Notre combat est un outil au service de la liberté et de la démocratie.

Mouvement Ni putes ni soumises
Maison de la Mixité
70, rue des Rigoles
75020 Paris
Tél. 01 53 46 63 00
Fax 01 53 46 63 12
infos@niputesnisoumises.com
www.mixite.tv
http://www.niputesnisoumises.com

NI PUTES NI SOUMISES

Table des matières

CET OUVRAGE A ÉTÉ ACHEVÉ D'IMPRIMER AVEC VIGILANCE POUR LE COMPTE DES ÉDITIONS THIERRY MAGNIER PAR L'IMPRIMERIE TECHNIC IMPRIM À 91 LES ULIS EN FÉVRIER 2007 DÉPÔT LÉGAL MARS 2007

Imprimé en France